O Livro das Sombras
de Scott Cunningham

O Caminho de um Tradicionalista Americano

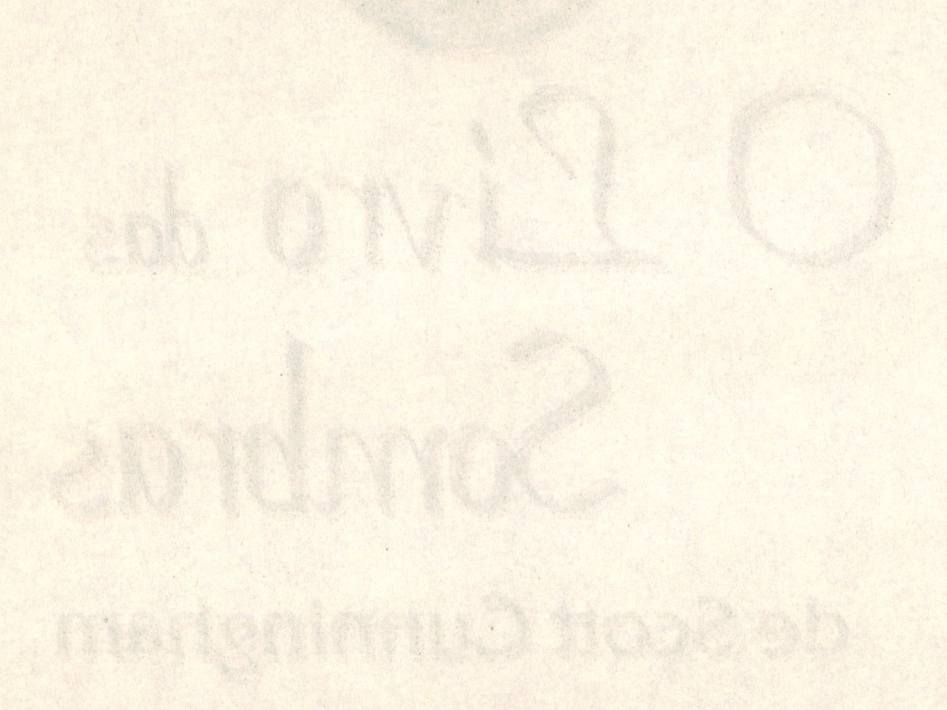

Scott Cunningham

O Livro das Sombras

de Scott Cunningham

O Caminho de um Tradicionalista Americano

Tradução:
Ana Death Duarte

MADRAS®

Publicado originalmente em inglês sob o título *Cunningham's Book of Shadows: The Path of an American Traditionalist* por Llewellyn Publications, Woodbury, MN 55125 USA, www.llewellyn.com.
© 2009, Scott Cunningham.
Direitos de edição e tradução para o Brasil.
Tradução autorizada do inglês.
© 2022, Madras Editora Ltda.

Editor:
Wagner Veneziani Costa (*in memoriam*)

Produção e Capa:
Equipe Técnica Madras

Tradução:
Ana Death Duarte

Revisão da Tradução:
Neuza Paranhos

Revisão:
Jane Pessoa
Ana Cristina Teixeira
Bianca Rocha

Dados Internacionais de Catalogação na Publicação (CIP)
(Câmara Brasileira do Livro, SP, Brasil)

Cunningham, Scott, 1956-1993.
O livro das sombras/Scott Cunningham;
tradução Ana Death. – 3. ed. – São Paulo: Madras, 2022.
Título original: Cunningham's book of shadows.
Bibliografia.
ISBN 978-85-370-0637-5

1. Bruxaria I. Título.
10-11212   CDD-133.43

Índices para catálogo sistemático:
1. Bruxaria: Ocultismo 133.43

É proibida a reprodução total ou parcial desta obra, de qualquer forma ou por qualquer meio eletrônico, mecânico, inclusive por meio de processos xerográficos, incluindo ainda o uso da internet, sem a permissão expressa da Madras Editora, na pessoa de seu editor (Lei nº 9.610, de 19.2.98).

Todos os direitos desta edição, em língua portuguesa, reservados pela

MADRAS EDITORA LTDA.
Rua Paulo Gonçalves, 88 – Santana
CEP: 02403-020 – São Paulo/SP
Tel.: (11) 2281-5555 – (11) 98128-7754
www.madras.com.br

A arte interna foi escaneada do manuscrito original do autor.

Algumas preces, cânticos e invocações são cânticos tradicionais de uso comum; Entre eles, A Runa das Bruxas (p. 75) é atribuído a, entre outros, Stewart e Janet Farrar (*The Witches' Goddess*); Chamado a Pã, a Dion Fortune; e Invocação de Cura a Ísis, a um papiro antigo.

Algumas das atividades descritas neste livro podem ser perigosas ou ilegais, mas estão incluídas aqui por suas conexões tradicionais e históricas com os tópicos discutidos no livro. Os leitores devem exercer responsabilidade ao interpretar ou utilizar as informações contidas aqui. O editor não recomenda o uso de substâncias descritas neste livro, nem se responsabiliza por atos cometidos em decorrência deste material.

Índice

Prece para Proteção 11
Como Usar Este Livro 13

Palavras dos Antigos 17
Invocação do Deus e da Deusa... 27
Criação do Espaço Sagrado 35
Os Sabbats... 41
Ritos da Lua Cheia 63
Preces, Cânticos e Invocações.. 73
Ritos e Saber 81
Receitas para o Banquete 95
Um Grimório Herbário 111
Receitas e Segredos Herbários.. 121
Incensos 127
Óleos 163
Saber Mágico, Feitiços e Rituais.. 177
Sistemas de Poder 213
Magia Rúnica 243
Signos e Símbolos.. 257

Apêndice I por deTraci Regula 267
Apêndice II por Marilee Bigelow... 269
Apêndice III por Christine Ashworth 273
Apêndice IV por David Harrington 277
Bibliografia 279

AMERICAN TRADITIONALIST BOOK OF SHADOWS

(original for printing)

Prece para Proteção

Em nome de Dryghtyn, a Antiga Providência,
que desde o princípio foi, e por toda a eternidade será,
masculino e feminino, a fonte original de todas as coisas:
com sabedoria infinita, ubíqua, toda-poderossa, imutável,
eterna; em nome da Senhora da Lua
e de nosso Senhor, o Cornífero; em nome dos Espíritos
das Pedras, regentes dos reinos elementais:
Protegei este lugar e este momento, além daqueles que conosco estão.*

(para ser dito antes de todos os ritos, logo depois de formar o Círculo de Pedras)

---

* Scott Cunningham tinha uma segunda versão desta prece de bênção, em que acrescentava os nomes das deidades: "a Senhora da Lua, Diana, e nosso Senhor, o Cornífero, Cernunnos".

Como Usar Este Livro

Por Carl Llewellyn Weschcke

O livro que você tem em mãos não é nem uma obra comum, com suas páginas impressas, nem um Livro das Sombras tradicionalista.

Antes que eu explique a diferença e como este livro deve ser usado, gostaria de contar para você, leitor, alguns fatos relacionados ao autor, os quais podem ajudar em seu entendimento.

O original deste livro esteve "perdido" entre caixas de escritos de Scott Cunningham, desde sua morte, em 1993. O título que ele propunha era *Livro das Sombras Tradicionalista Americano*. Em razão dos acontecimentos dos últimos 25 anos, sentimos que a palavra "tradicionalista" não era mais apropriada, em termos filosóficos, em sua associação com a Wicca.

Mas não se engane. Scott Cunningham considerava-se um tradicionalista no conceito original da palavra: *um profundo respeito pela tradição, especialmente pela prática cultural ou religiosa.* Mas nosso dicionário também apresenta uma definição alternativa: *a ideia de que todo conhecimento advém de revelação divina e é passado adiante por meio da tradição.* É esta a definição que nos coloca em uma situação complicada.

A Wicca não é um "conjunto de conhecimentos revelado", brotando de uma fonte única, estabelecida como sacrossanta em termos teológicos; ao contrário, é uma tradição viva, experimentada e integrada pessoalmente em sua vida.

A Wicca não tem uma ideologia fixa, administrada e ensinada por um "Conselho dos Anciões" similar às religiões autoritárias da história. Há algumas igrejas wiccanas estabelecidas para atender às necessidades de seus membros para fins de casamentos, funerais, aconselhamento pessoal, etc., e há muitos covens pequenos reunindo pessoas. No entanto, a maioria dos praticantes da Wicca são "solitários" que não se veem separados dos outros por crença e estilo de vida, mas sim totalmente integrados na comunidade mais ampla, ao mesmo tempo que encontram sua força espiritual dentro de si. Era sobretudo para essas pessoas que Scott escrevia seus livros.

* * *

É importante para nosso entendimento sobre como usar um Livro das Sombras separar claramente os escritos de Scott Cunningham do antimodernismo e do rígido fundamentalismo caracterizados por aquela última definição de "tradicionalista". Também é importante entender que o livro de Cunningham é nitidamente norte-americano e não celta ou europeu.

A Bruxaria é tão antiga quanto as colinas, sendo basicamente entendida como um sistema de magia e xamanismo que se fundamenta na natureza. A Wicca é uma religião moderna, baseada na natureza, que absorveu algumas práticas e crenças da Bruxaria britânica tradicional. Sim, tais crenças e práticas são, em sua maioria, muito antigas, mas também são universais e prontamente adaptáveis à cultura local de quem as pratica.

Nesse sentido de harmonia com as marés baixas e altas do ambiente natural, e do elemento sagrado de tais energias no próprio solo em que ocorrem, as raízes desta Wicca são experimentais, e não arraigadas em alguma suposta revelação "das alturas", considerada sacrossanta e explicada para o comum dos mortais por autoridades teológicas.

Scott Cunningham era norte-americano e bem jovem foi iniciado em um coven da Califórnia, por conta de seu interesse e devoção à magia natural. Teve muitos professores e foi pesquisador persistente, mas a maior parte do que sabia aprendeu por meio da prática, da meditação, do autodidatismo e da experimentação.

Scott escreveu mais de 50 livros sobre muitos aspectos da Wicca e da magia da natureza (magia natural) durante sua tão curta vida (27 de junho de 1956 – 28 de março de 1993). Tinha um grande respeito tanto por seu assunto primordial, a Wicca, quanto por seus leitores. Sim, tinha um profundo respeito pela tradição cultural e religiosa, mas não pelas autoridades históricas nem religiosas. Sua autoridade vinha de sua própria pesquisa e experiência. Preocupava-se muito com que nada que escrevesse pudesse resultar em danos aos seus leitores, e nunca transmitiu um ritual, uma receita ou uma fórmula que não tivesse sido completamente testado(a) e aprovado(a) por si mesmo.

* * *

Tudo isso é importante para o assunto deste ensaio-texto "Como usar este livro".

Pela tradição, o estudante de Wicca interessado em juntar-se a um coven recebia o Livro das Sombras de tal grupo específico para ser copiado à mão. Em todos os sentidos, tal manuscrito era o texto sagrado daquele grupo em particular, contendo os rituais básicos, as celebrações e o saber, as Leis, os nomes e as formas da presença divina que integraram em suas práticas. Esses nomes e formas, os deuses e as deusas específicos, estão entre os segredos mais importantes mantidos pelos membros do grupo.

Todavia, uma vez copiado, o Livro das Sombras também se tornava o grimório pessoal do estudante, uma obra para registrar suas próprias práticas pessoais, meditações, realizações, experimentos e pesquisas. É um livro vivo, assim como a vida levada por Scott Cunningham.

E é este o propósito essencial de meu breve ensaio. Respeite seu Livro das Sombras, honre Scott e aqueles que se foram antes dele, mas nunca se torne rígido em suas crenças ou práticas, pois a Wicca é uma religião viva, a vida está sempre em mutação, e o significado e os propósitos completos de sua vida residem no crescimento e em tornar-se quem você é. Estamos vivenciando o processo de nos tornarmos pessoas completas, integrando, cada um de nós, corpo, emoção, mente e espírito.

Em nossas práticas e celebrações mágicas, aprendemos a nos conectar internamente com a sabedoria coletiva (também chamada de inconsciente coletivo) e a incorporar à nossa consciência pessoal o conhecimento de que precisamos para crescer.

Neste livro, você encontrará as *Treze Metas de uma Bruxa*:

I. Conheça a si mesmo.
II. Conheça a Arte.
III. Aprenda.
IV. Aplique o que aprendeu.
V. Atinja o equilíbrio.
VI. Resista às tentações.
VII. Mantenha seus pensamentos organizados.
VIII. Celebre a vida.
IX. Entre em harmonia com os ciclos do universo.
X. Respire e alimente-se corretamente.
XI. Exercite tanto a mente quanto o corpo.
XII. Medite.
XIII. Honre e adore Diana e Cernunnos.

A única dessas metas que acredito precisar de uma breve explicação é a 13ª. Diana e Cernunnos são, na verdade, os nomes de uma deusa e de um deus, e saber seus nomes e suas formas é a chave para adorá-los. Porém, eles também se tornaram abstrações, não sendo os aspectos universais da divindade adorados por todos os wiccanos. Os deuses e as deusas têm muitos nomes e muitas formas, e cada grupo ou praticante solitário deve encontrar os seus. Lá no fundo, você há de encontrar seu deus e sua deusa, e há de saber seus nomes e formas.

* * *

Este Livro das Sombras é seu livro sagrado, seu grimório e pode ser usado apenas por você ou por seu grupo.

Como usar este livro? Estudo e prática. Se for solitário(a), comece vivenciando os ciclos do Sol e da Lua, ou seja, pelas celebrações sazonais (Sabbats) e pelas fases lunares, da Lua Cheia e da Lua Nova (Esbats). Até mesmo sozinho(a), você pode assumir os papéis de sacerdote e de sacerdotisa, e aprender a vivenciar a essência daquelas energias que são as *marés da vida*. Há de chegar um momento em que você sentirá a presença tanto da força masculina quanto da feminina, que conhecemos como o Deus e a Deusa, cuja divindade reside em nosso corpo, em nosso sentimento e em nosso espírito, e em todos os lugares. Você pode comunicar-se com eles tanto interna quanto externamente. Pode vê-los em seu coração e em seu espaço. Pode senti-los e conhecê-los, e, em seu espírito, pode com eles estar. Se preferir, pode perceber e receber sua divina presença como algo singular em vez de dual. Não podemos definir o(a) "Criador(a)" de nenhuma outra forma que não seja saber que o divino se encontra em todos os lugares, o tempo todo, e é a Fonte de tudo que existe.

Não se preocupe em fazer tudo exatamente como está descrito no livro. Veja-o como um guia, não como um livro de regras. Você é o centro de seu universo, e seus pés estão plantados em um espaço e tempo únicos, que hão de modelar sua experiência, por meio da qual você há de crescer e tornar-se mais do que já é, sempre evoluindo; e há de tornar-se uma pessoa completa, capaz de lidar com os poderes que hão de surgir por meio do crescimento e do desenvolvimento.

Crowley disse que todo homem e toda mulher é uma estrela, e *assim há de ser*!

* * *

Palavras dos Antigos

O Livro das Sombras é uma obra wiccana que contém invocações, padrões ritualísticos, feitiços, runas, regras sobre magia e assim por diante. Alguns Livros das Sombras são passados de um wiccano para outro, geralmente no momento da iniciação, mas a maioria deles, hoje, é criada individualmente pelos wiccanos.

Não acredite nas histórias contidas na maior parte de outros livros wiccanos que dizem que um único Livro das Sombras foi transmitido pelos antigos, pois cada tradição wiccana parece clamar que o seu é o original, e são todos diferentes.

Embora até recentemente um Livro das Sombras fosse em geral escrito à mão, hoje, versões digitadas ou até mesmo fotocopiadas são bem comuns. Alguns wiccanos estão inclusive passando seus livros para o computador, a fim de criar o que alguns amigos chamam de "Disquete das Sombras".

Para criar seu próprio Livro das Sombras, comece com qualquer livro ou diário com páginas em branco – desses disponíveis em livrarias e lojas de material artístico. Se não conseguir achar, um simples caderno pautado há de servir. Então, anote nesse volume todos os rituais, feitiços, invocações e informações mágicas que tenha criado ou encontrado em algum outro lugar e gostaria de preservar.

Lembre-se: todos os Livros das Sombras apresentam sugestões sobre rituais, não sendo uma escrita sagrada. Nunca se sinta preso a tais palavras. Na verdade, muitas bruxas usam fichários, daqueles com três anéis, folheando as páginas, adicionando ou retirando informações de seus Livros das Sombras à vontade.

É uma boa ideia copiar seus feitiços e rituais à mão. Isso não apenas garante que você leu totalmente o trabalho, como também permite uma maior facilidade de leitura à luz de velas. O ideal seria que os ritos fossem memorizados (não há nada que distraia mais do que ter de ler ou dar uma espiada no livro), ou criados espontaneamente, mas caso você leia seus ritos, certifique-se de que suas cópias sejam legíveis à luz bruxuleante do fogo.

Excerto extraído de *Guia Essencial da Bruxa Solitária*, de Scott Cunningham.

Palavras dos Anciões

Oh, vocês, Filhas e Filhos da Terra, adorem os Deuses e abençoados sejam por eles com a plenitude da vida.

Saibam que eles conduziram vocês a esses escritos, pois neles residem os segredos da Arte Wicca, para servir e satisfazer aos guardiões da Sabedoria, os protetores da Chama Sagrada do Conhecimento. Realizem os antigos ritos com amor e alegria, e os Deuses hão de confundir aqueles que agem contra vocês; mas, para aqueles que trabalham para causar danos desnecessários, sua maldição será seu único fruto.

Lembrem-se: mantenham perto do coração o conhecimento de que estão entre os Sábios. Vocês não percorrem mais os caminhos da humanidade; e sim saltam em direção à Luz, sempre ascendendo de sombra em sombra até o reino mais alto da existência. Porém, embora sejamos os portadores da verdade, o homem não deseja compartilhar de nosso conhecimento; sendo assim, nos encontramos nas sombras e realizamos nossos ritos sob os céus banhados pelo luar. Mas somos felizes.

Vivam plenamente cada momento de suas vidas, pois esse é o motivo de estarmos aqui; não se abstenham da vida terrena, pois dela crescemos e com ela aprendemos e entendemos, até o tempo de renascer para mais aprender e para repetir esse ciclo até subirmos na espiral a caminho da Perfeição, e podermos, por fim, chamar os deuses de nossos iguais.

Caminhem pelos campos e pelas florestas; renovem-se com os ventos frescos e o toque de uma flor que lhes acena. O Sol e a Lua entoam cânticos nos locais antigos e selvagens: o litoral deserto, o vale silencioso, a imensidão de uma cachoeira. Somos parte da terra e devemos reverenciá-la; então, caminhem com passos leves sobre o solo e honrem-na.

Celebrem os ritos nos dias e nas estações apropriados e invoquem os deuses quando o momento chegar, mas usem o poder apenas quando necessário; não para frívolos fins. E saibam que usar o poder para causar o mal é uma perversão aos olhos dos deuses.

Mas, para aqueles que amam e engrandecem o amor, assim como a gota de orvalho engrandece o Sol, seja a riqueza da vida sua recompensa, e toda a natureza há de celebrar.

Sendo assim, amem aos deuses e não prejudiquem ninguém!
Abençoados sejam!

Em um Tempo que Não Era Tempo

Antes de o tempo existir, havia Dryghtyn; Dryghtyn era tudo e tudo era Dryghtyn.

E a vasta expansão conhecida como o universo era Dryghtyn; de sabedoria infinita, ubíqua, toda-poderosa, imutável, eterna.

E o espaço moveu-se; Dryghtyn moldou a energia em duas formas gêmeas, e, desse modo, os deuses foram criados a partir de Dryghtyn.

O Deus e a Deusa expandiram-se e agradeceram a Dryghtyn, mas as trevas os cercaram. Estavam sozinhos, solitários, exceto por Dryghtyn.

Transformaram energia em gases e gases em planetas, sóis e luas; salpicaram o universo com orbes rodopiantes, e, assim, o universo ganhou forma pelas mãos do Deus e da Deusa.

A luz surgiu e o céu foi iluminado por um bilhão de Sóis, e o Deus e a Deusa, satisfeitos com suas obras, regozijaram-se e amaram-se, e tornaram-se um.

De sua união nasceram as sementes de toda vida e da raça humana, para que pudéssemos alcançar a encarnação na Terra.

A Deusa escolheu a Lua como seu símbolo vivo, e o Deus, o Sol como seu símbolo vivo, para os habitantes da Terra lembrarem de seus criadores.

Todos nascem, vivem e morrem sob o Sol e a Lua; e todas as coisas se passam sob ambos, como era o caminho da existência em um tempo que não era tempo.

A Natureza de Nosso Caminho

Com o máximo de frequência que for possível, os ritos devem ser realizados em florestas, nas praias, em topos de montanhas desertas ou próximo a lagos tranquilos e silenciosos. Caso isso seja impossível, uma sala será o bastante, se for preparada para tal fim com incensos ou flores.

Busque a sabedoria em livros, manuscritos raros e poemas crípticos, se assim o desejar, mas a procure também em simples pedras e frágeis ervas, e no lamento do pássaro selvagem. Ouça o sussurrar do vento e o rugir do oceano se deseja descobrir a magia, pois é na natureza onde todos os antigos segredos residem e são preservados.

Livros contêm palavras, árvores contêm energia e sabedoria jamais sonhadas por livro algum.

Lembre-se de que os caminhos antigos estão constantemente revelando-se; portanto, seja como o salgueiro do rio, que se curva e oscila com os ventos do tempo; o que permanece imutável há de sobreviver a seu espírito, mas o que evolui e cresce há de brilhar por séculos.

Não se pode monopolizar a sabedoria; portanto, compartilhe o que sabe com quem desejar, mas oculte os caminhos místicos dos olhos daqueles que causariam destruição, pois agir de forma diferente aumentaria a destruição deles.

Não ridicularize os caminhos ou feitiços dos outros, pois quem pode dizer que os seus são maiores em termos de poder ou de sabedoria?

Não aceite entre os seus aquele que deseja dominar, controlando e manipulando seus trabalhos e reverências. Somente dentro de nós pode a verdadeira reverência aos antigos ocorrer; portanto, olhe com suspeita para aqueles que distorcerem a adoração para seu próprio benefício.

Todos devem participar igualmente nos trabalhos mágicos; sendo assim, ninguém há de ficar se sentindo melhor ou pior do que o outro em nosso caminho.

Honre todas as coisas vivas, pois somos o povo do Cervo, do Salmão e da Abelha; então, não destrua vidas, exceto para preservar a sua.

Que as bênçãos dos antigos recaiam sobre todos!

A Lei

1. Seja esta a verdadeira e grande lei da Wicca, decretada e consagrada para nosso uso.
2. E seja esta a única lei que há de ser seguida pela Wicca no conselho, no Círculo.
3. Todos devem obedecer à lei se da Arte fizerem parte.
4. A Alta Sacerdotisa há de ser sua mãe, irmã e amiga, e todos hão de obedecer aos seus comandos dentro do Círculo, pois ela é a Deusa encarnada, e deve ser respeitada. O consenso há de determinar sua sucessora, caso ela mesma não a escolha e anuncie.
5. O Alto Sacerdote há de ser seu pai, irmão e amigo; e, da mesma forma, você há de obedecer aos seus desejos dentro do Círculo, pois ele é o Deus encarnado, e deve ser respeitado. O consenso há de determinar seu sucessor, caso ele mesmo não o escolha e anuncie.
6. A Alta Sacerdotisa e o Alto Sacerdote hão de, cada um, nomear a Donzela e o Pajem, e seus deveres hão de ser o conhecimento dos ofícios de um Alto Sacerdote e de uma Alta Sacerdotisa, de forma tal que possam realizar todos os ritos necessários e, com o passar do tempo, formar seu próprio coven, pois a Arte não deve morrer.
7. Todos devem estar purificados assim que pisarem dentro do Círculo sagrado, que é o antigo Círculo de Pedras. Todos hão de se banhar e se purificar com sais e ervas.
8. Todos hão de estar nus ou vestindo mantos, de acordo com seus desejos.
9. Façamos a devida adoração aos Antigos, conforme fomos ensinados.
10. Todos devem observar os Sabbats com a devida cerimônia, e, depois dos ritos, deverá haver um banquete e dança, muita alegria, para regozijar-se na virada da roda do ano.
11. Além disso, todos da Wicca, uma vez ao mês, hão de se encontrar para celebrar a Marcha da Lua e realizar a magia em nome do Deus.
12. Com a frequência que for possível, os ritos hão de ser realizados em florestas, nas praias, nos topos de montanhas desertas ou próximo a lagos tranquilos e silenciosos. No entanto, caso isso seja impossível, então uma sala em lugar retirado, sem o perigo de ser descoberta, será o bastante, se for devidamente purificada com alecrim ou olíbano.
13. Até onde for possível, faça com que todas suas ações sejam honráveis; pois tudo que fizer há de lhe retornar triplicado – três vezes – seja para o bem, seja para o mal.

14. Busque a sabedoria em livros, manuscritos raros e poemas crípticos, se assim o desejar; mas a procure também em simples pedras e frágeis ervas, e no lamento do pássaro selvagem. Ouça o sussurrar do vento e o rugir do oceano se deseja adquirir a maestria na Wicca, pois é na natureza onde todos os antigos segredos residem e são preservados.
15. Livros contêm palavras, árvores contêm energia e sabedoria jamais sonhadas por livro algum.
16. Faça amor com quem desejar, mas primeiro fique limpo(a) e livre de amarras; nenhuma união sexual deve ocorrer dentro do Círculo, a menos que sejam rituais particulares perante os deuses.
17. Todos hão de ser devidamente admitidos antes de frequentar nossos Círculos ou aprender nossos segredos; assim, nosso clã ficará livre de opressores que possam vir a nos causar mal.
18. E, por causa de tal perseguição, não conte a ninguém que não seja da Wicca quem são suas irmãs e seus irmãos de laço; nem lhes conte onde fica o *covenstead* (local de reunião do coven); nem revele quem é a Alta Sacerdotisa; nem o Alto Sacerdote. E não fale de sua própria condição de membro; assim haveremos de frustrar nossos perseguidores.
19. Permita que cada um escreva e estime seu próprio livro e memorize o que conseguir. Quando vislumbrar o perigo no horizonte, destrua o livro ou faça com que uma irmã ou um irmão o esconda em segredo. Reescreva o conteúdo do livro assim que o perigo tiver passado.
20. Que os devidamente consagrados instrumentos sejam postos a nosso uso, e a nenhum outro.
21. Ninguém que da Wicca não seja há de ver nossos instrumentos e presenciar nossos ritos, nem deles ouvir falar.
22. Pois até mesmo em tempos iluminados a espécie humana culpa a Wicca por suas mazelas; ignora que ela própria causa a si miséria e sofrimento. Por isso nos encontramos nas sombras, para preservar nosso amor.
23. Ensine àqueles que vierem até você, caso sejam valorosos, pois, para manter viva a Wicca, ela deve ser disseminada, e mantê-la longe de uma pessoa valorosa é sua destruição.
24. Todo coven há de decidir de forma justa o que fazer com os membros da Wicca que violarem a lei.

25. Por meio de consenso, deve-se chegar a um acordo quanto à punição, que deverá ser leve. Para a segunda ofensa, também, uma punição leve deverá ser acordada. Mas, para a terceira ofensa da mesma lei, então o banimento da irmã ou do irmão será realizado, e ela ou ele há de ser totalmente evitado(a).
26. No entanto, a punição deve ser leve, exceto em caso de grave perigo ou quebra de juramento, pois não somos como a nova religião, não aterrorizamos com os fogos do inferno e as mandíbulas furiosas da morte. Somos da antiga religião de sabedoria e de amor, de comunhão com a natureza.
27. Qualquer um da Wicca que, sabendo disso, trouxer inimigos para nosso meio, há de ser banido e totalmente evitado.
28. Honre todas as coisas vivas, pois somos o povo do Cervo, e do Salmão, e da Abelha; então, não destrua vidas, exceto para preservar a sua.
29. Uma lei pode ser alterada, por consenso, caso não tenha mais sentido nos dias atuais; mas isso não deve ser feito levianamente, nem por conveniência, mas sim com amor e sabedoria e tendo em mente o bem da Arte.
30. Que as bênçãos do Deus e da Deusa recaiam sobre todos!

AQUI TERMINA A LEI

Invocação do Deus e da Deusa

Sob alguns aspectos, este é o coração de todo ritual wiccano e, na verdade, a única parte necessária. Os ritos wiccanos são formas de sintonia com os poderes da Deusa e do Deus; tudo o mais é cerimonial.*

A palavra "invocação" não deve ser tomada ao pé da letra. Refere-se, geralmente, a uma prece ou verso declamado, mas pode consistir também em música, dança, gestos e canções.

Há diversas invocações à Deusa e ao Deus aqui. Sinta-se livre para usá-las quando for criar seus próprios rituais, mas lembre-se de que invocações improvisadas são, com frequência, mais eficientes do que as preces mais antigas.

Se você realmente for escrever suas próprias invocações, pode desejar incorporar a elas uma rima. Séculos de tradição mágica comprovam o valor da rima. Sem dúvida, ela torna as invocações muito mais fáceis de serem memorizadas.

A rima também entra em contato com o inconsciente ou a mente psíquica; faz adormecer nossa mente social, material e intelectual, permitindo que a consciência mergulhe no rito.

Quando estiver realmente fazendo a invocação, não se amaldiçoe quando esquecer uma palavra, pronunciar algo errado ou perder sua linha de pensamento. Isso é natural e, geralmente, é manifestação de fadiga, estresse ou de um desejo de sair-se bem com as palavras dentro do Círculo.

A invocação requer disposição de abrir-se à Deusa e ao Deus. Não é preciso contar com uma atuação impecável. Como a maior parte dos rituais começa com a invocação, este é, de certa forma, o momento da verdade. Se a invocação não for sincera, não haverá contato com a Deusa e o Deus interiores, e o ritual que for realizado não passará de formalidade.

Pratique a invocação da Deusa e do Deus, não apenas no ritual, mas diariamente, durante toda a sua vida. Lembre-se: a prática wiccana não se limita a Lua Cheias ou Sabbats – é algo para ser vivenciado 24 horas por dia.

Em um sentido mais metafísico, a invocação é um ato de nível dual. Não apenas invoca a Deusa e o Deus, mas também nos desperta (alterando nossa consciência) para a nossa parte divina – nossa essência inviolável, intransmutável: nosso elo com os Antigos.

---

* Embora isso deva, é claro, promover a consciência ritualística. Rituais feitos ao ar livre raramente precisam de muita invocação, porque os wiccanos já estão cercados de manifestações naturais das deidades.

Em outras palavras, quando realizar uma invocação, não invoque apenas as forças superiores, mas invoque também as deidades que habitam dentro de si, a centelha divina que existe no interior de todas as criaturas vivas.

Excerto extraído de *Guia Essencial da Bruxa Solitária*, de Scott Cunningham.

Invocando os Deuses

Com os braços estendidos:

Graciosa Deusa, a senhora que é a Rainha dos Deuses, a Luminária da Noite; a Criadora de tudo que é selvagem e livre; a mãe da mulher e do homem; amante do Deus Cornífero e protetora de todos da Wicca; venha, rogamos à Senhora, com sua onda de poder lunar, sobre nosso Círculo.

Cornífero, o senhor que é o Rei dos Deuses; Senhor do Sol; Mestre de tudo que é selvagem e livre; pai da mulher e do homem; amante da Deusa Lua e protetor de todos da Wicca; venha, rogamos ao Senhor, com seu raio solar de poder, sobre nosso Círculo.

Canção da Deusa

Eu sou a Grande Mãe Binah,* adorada pelos homens desde a criação e com existência anterior à consciência destes. Eu sou a força feminina primordial: ilimitada e eterna.

Eu sou a Deusa da Lua, a casta Diana, a Dama de toda magia. Os ventos e as folhas que se movem cantam meu nome. Uso o Crescente Lunar na fronte e meus pés descansam no firmamento estrelado. Eu sou mistério por revelar; caminho trilhado recente; eu sou um campo intocado pelo arado. Regozijem-se em mim e sejam livres.

Eu sou a abençoada mãe Deméter, a dama graciosa da colheita. Visto-me com a profunda e tranquila maravilha da terra e com o ouro dos campos, pesados de grãos. Por mim as marés da Terra são regidas, tudo frutifica de acordo com minhas estações. Sou refúgio e cura. Eu sou a mãe dando à luz o universo. Tenho estado com vocês desde o princípio e estarei com vocês por toda a eternidade.

Adorem-me como Hécate, o ininterrupto ciclo de morte e renascimento. Eu sou a roda, a sombra da Lua. Sou regente das marés de homens e libero e renovo almas cansadas. Embora as trevas da morte sejam meu domínio, a alegria do nascimento é meu dom. Todas as coisas eu conheço e toda Sabedoria alcancei.

Eu sou a Deusa da Lua, da Terra, dos Mares. Meus nomes e domínios são muitos. Toda magia e poder são meus, toda paz e sabedoria passam por mim. Convoco tua alma; erga-te e venha. Sou aquela que é alcançada ao final de todo desejo.

Eu sou Diana!

---

* N.T.: Binah significa entendimento, sendo a terceira *sephirah*. Situada no topo da coluna esquerda, é a lógica que define a inspiração e que dá energia ao movimento. É o lado esquerdo do cérebro, ordenando o pensamento em algo concreto. Tem a energia da água associada à feminilidade, além de representar o futuro.

Invocação do Grande Deus

Eu sou Cernunnos, o radiante Rei dos Céus, inundando a Terra com calor e encorajando a oculta semente da criação a brotar e manifestar-se. Ergo minha brilhante lança para iluminar as vidas da humanidade e, diariamente, faço jorrar meu ouro sobre a terra, fazendo alçar voo para longe os poderes da escuridão e iluminando as mentes da humanidade.

Eu também sou Herne, o Caçador, mestre das feras selvagens e livres. Corro com o passo veloz do cervo e alço voo como um sagrado falcão subindo no céu reluzente. Os antigos bosques e recantos selvagens emanam meus poderes; e os pássaros do vento testemunham minha aura sagrada.

Também sou o Guardião da Chave da Morte e do Renascimento; eu guio as almas na travessia dos Portões da Morte e além, até as terras do eterno Verão. Pois sem morte não pode haver nascimento, e, sem nascimento, a vida não pode existir. Embora meu dom seja a morte, minha promessa é vida.

Eu sou o Sol da Criação de Mil Nomes, o espírito do cervo no campo selvagem, o Senhor dos Portões da Morte. Vejam em mim o ciclo anual de festivais – meu nascimento, minha morte e meu renascimento – e saibam que este é o destino de toda criação.

Sou a centelha de vida, a Semente Secreta, o provedor de Paz e Descanso, e envio meus raios de bênçãos para aquecer os corações e fortalecer as mentes da raça humana.

Invocação dos Elementos

Ar, Fogo, Água, Terra
Elementos do Nascimento Astral;
Carrego-os de poder; A mim venham!

No Círculo, perfeitamente traçado,
Livre de pragas psíquicas e de nada amaldiçoado;
Carrego-os agora; A mim venham!

Da caverna e do deserto, do oceano e da colina,
Pela vara mágica, a lâmina, o pentáculo e a taça,
Carrego-os agora; A mim venham!
Esta é minha vontade: que assim se faça!

Despedida dos Elementos

Terra, Água, Fogo e o Ar!
Elementos fortes, distantes e cheios de graça,
retornem agora à sua morada!
Esta é minha vontade: que assim se faça!

Criação do Espaço Sagrado

O Círculo define a área do ritual, contém o poder pessoal, encerra do lado de fora energias dispersantes – em essência, cria a atmosfera adequada para os ritos. Ficar parado, em pé, dentro de um Círculo mágico, olhando para as velas que brilham no altar, sentindo o aroma do incenso e entoando nomes ancestrais em forma de cânticos, é uma maravilhosa experiência evocativa. Quando formado e visualizado corretamente, o Círculo mágico desempenha a função de nos aproximar da Deusa e do Deus.

O Círculo é criado com o poder pessoal, que é sentido (e visualizado) fluindo do corpo, por meio da faca mágica (o athame), e emanando para o ar. Quando completado, o Círculo forma uma esfera de energia que contém toda a área de trabalho. A palavra "círculo", aliás, é um termo impróprio; na verdade, trata-se de uma esfera de energia. O círculo apenas marca o anel no qual a esfera toca a terra (ou o chão) e continua através deste para formar a outra metade.

Excerto extraído de *Guia Essencial da Bruxa Solitária*, de Scott Cunningham.

Onde Fazer o Círculo de Pedras

O melhor lugar para se lançar o Círculo é em uma clareira de bosque, perto de um rio de águas correntes, longe de áreas frequentadas por pessoas à noite. Não se deve nem pensar que alguém possa chegar até vocês.

As encruzilhadas, em que três estradas se encontram, eram usadas no passado; mas isso era perigoso, pois viajantes ainda usavam estradas à noite, então, havia o perigo de ser descoberto.

Contudo, se você tiver de trabalhar em um espaço fechado, escolha uma sala simples, grande o bastante para conter o Círculo, e com menos adornos quanto for possível. Desligue todos os dispositivos como aquecedores e ar-condicionado dentro da sala, assim como todos os aparelhos elétricos; eles são desnecessários e podem operar contra vocês. Desconecte o telefone também.

Caso o *covenstead* de seu coven seja dentro de algum lugar, tente fazer com que haja lá plantas crescendo, talvez à janela ou em volta do piso, nos cantos. Isso deverá ajudar a prover a ambientação necessária à sala. Nunca se esqueça que Wicca se trata de natureza.

Formando o Círculo de Pedras

O Círculo é criado ou "lançado" antes de qualquer cerimônia wiccana. Para começar, limpe cerimonialmente a área, varrendo-a com uma vassoura. Isso deve, por tradição, ser feito por uma mulher, caso haja duas ou mais pessoas no encontro e uma delas for mulher.

Em seguida, use pedras grandes e planas para marcar os quadrantes – uma para cada direção da bússola. Coloque a Pedra do Norte primeiro. Essas pedras representam os Espíritos das Pedras e estão relacionadas às forças Elementais. Quando as quatro pedras estiverem dispostas, devem marcar mais ou menos um quadrado, com a distância entre cada aresta sendo, aproximadamente, a mesma. Esse quadrado representa o plano terrestre em que existimos.

Agora, pegue um cordão e disponha-o em um Círculo, usando as quatro pedras como guia. As pedras devem ficar do lado de fora do cordão do Círculo. Ele representa os reinos Espirituais.

O tamanho do Círculo pode variar de aproximadamente 1,20 metro a 6 metros, dependendo do número de membros presentes na cerimônia, e do tamanho da área onde será realizado.

As preparações do Círculo agora estão completas. Arrume o altar, provendo-o com dois recipientes, um com água e outro com sal. Acenda as velas e o incenso. Em seguida, proceda da seguinte forma:

Consagre a água, tocando na sua superfície com a ponta do athame, dizendo:

> *Eu consagro e limpo esta água*
> *Que possa ser purificada e adequada para a morada*
> *Dentro do Círculo de Pedras sagrado.*
> *Em nome da Mãe Deusa*
> *E do Pai Deus,*
> *Eu consagro esta água.*

[A outra versão de Cunningham do lançamento deste Círculo usava os nomes das deidades: "Em nome da Mãe Deusa, Diana, e do Pai Deus, Cernunnos..."]

Toca-se no sal com a ponta do athame, dizendo:

> *Abençoo este sal, que possa ser purificado e adequado para habitar o Círculo de Pedras sagrado.*
> *Em nome da Mãe Deusa*
> *E do Pai Deus, eu abençoo este sal.*

Fique em pé, com a face voltada para o Norte. Toque com a ponta do athame no chão e trace o Círculo, dizendo:

> *Seja aqui o limite do Círculo de Pedras.*
> *Nada além de amor há de aqui entrar,*
> *Nada além de amor há de dentro do Círculo emanar.*
> *Carrega-o por seu poder, Dryghtyn!*
> [Em uma versão alternativa, Cunningham diz: "Carrego-o, ó Círculo, para que seja o limite do Círculo de Pedras, um guardião e proteção para resguardar e conter o poder que aqui engendramos".]

Coloque o athame no altar. Pegue o sal e salpique-o em torno do Círculo; a seguir, contorne-o levando o incensório, depois com uma vela, e, por fim, salpique a água. O Círculo de Pedras está agora selado.

Neste momento, com a face voltada para o Norte, segure o athame apontando-o para o alto e diga:

> *Ó Espírito da Pedra do Norte,*
> *Antigo Espírito da Terra,*
> *O convocamos para que se faça presente em nosso Círculo.*
> *Carrega-o por seu poder, Dryghtyn!*
> [Em uma versão alternativa, Cunningham diz: "Ó Espírito da Pedra do Norte, convoco-o para testemunhar meu ritos e proteger o Círculo contra o mal". Esta fórmula é repetida para todas as direções.]

Beije a lâmina.

Com a face voltada para o Leste, segure o athame apontando-o para o alto e diga:

> *Ó Espírito da Pedra do Leste,*
> *Antigo Espírito do Ar,*
> *O convocamos para que se faça presente em nosso Círculo.*
> *Carrega-o por seu poder, Dryghtyn!*

Beije a lâmina.

Com a face voltada para o Sul, segure o athame apontando-o para o alto e diga:

> *Ó Espírito da Pedra do Sul,*
> *Antigo Espírito do Fogo,*
> *O convocamos para que se faça presente em nosso Círculo.*
> *Carrega-o por seu poder, Dryghtyn!*

Beije a lâmina.

Com a face voltada para o Oeste, segure o athame apontando-o para o alto e diga:

> *Ó Espírito da Pedra do Oeste,*
> *Antigo Espírito da Água,*
> *O convocamos para que se faça presente em nosso Círculo.*
> *Carrega-o por seu poder, Dryghtyn!*

Coloque o athame repousando sobre o altar. O Círculo de Pedras respira ao seu redor. Para propósitos de fortalecimento, todos se dão as mãos e andam no Círculo em direção horária, entoando cânticos ou sussurrando-os. O(a) líder há de parar quando estiver satisfeito(a).

Os ritos podem ter início agora.

Desfazendo o Círculo de Pedras

Com a face voltada para o Norte, segure o athame apontando-o para o alto e diga:

> *Adeus, Espírito da Pedra do Norte,*
> *Agradecemos por sua*
> *Presença em nosso Círculo de Pedras.*
> *Abençoado seja!*
>
> [A versão alternativa de Cunningham é a seguinte: "Ó Espírito da Pedra do Norte, agradeço por estar presente em nosso Círculo de amor, e digo Salve! E Adeus!, Salve! e Adeus!"]

Beije a lâmina.

Faça o mesmo, repetindo as palavras, com a face voltada nas direções Leste, Sul e Oeste. Depois, volte-se novamente para o Norte e segure a lâmina, apontando-a para o alto.

O rito está encerrado; o Círculo de Pedras já não existe.

Os Sabbats

Em tempos passados, quando as pessoas viviam em sintonia com a natureza, a virada das estações e o ciclo lunar mensal tinham um profundo impacto nas cerimônias religiosas. Isso porque a Lua era vista como um símbolo da Deusa; cerimônias de adoração e magia aconteciam sob sua luz. A chegada do inverno, os primeiros movimentos da primavera, o cálido verão e o advento do outono também eram marcados com rituais.

Os wiccanos, herdeiros das religiões do povo pré-cristão da Europa, ainda celebram a Lua Cheia e observam a mudança das estações. O calendário religioso wiccano contém 13 celebrações de Lua Cheia e 8 Sabbats, ou dias de poder.

Quatro desses dias (ou, mais adequadamente, dessas noites) são determinados por solstícios e equinócios, os inícios astronômicos das estações. As outras quatro ocasiões ritualísticas têm sua base em antigos festivais pagãos (e, até certo ponto, do antigo Oriente Médio). Os rituais proporcionam estrutura e ordem ao ano wiccano, além de nos lembrar do infindo ciclo que continuará ocorrendo por muito tempo depois que tivermos partido.

Quatro dos Sabbats – talvez aqueles observados durante mais tempo – eram, provavelmente, associados à agricultura e aos ciclos reprodutivos dos animais. São eles: o *Imbolc* (2 de fevereiro), *Beltane* (30 de abril), *Lughnasadh* (1º de agosto) e *Samhain* (31 de outubro). Estes são nomes celtas e bem comuns entre os wiccanos, embora existam outros.

Em uma época em que uma observação cuidadosa do céu levou ao conhecimento comum do ano astronômico, os solstícios e os equinócios (21 de março, 21 de junho, 21 de setembro e 21 de dezembro aproximadamente; as datas reais variam de ano para ano) foram incorporados a essa estrutura religiosa.*

Quem começou a adorar e fazer surgir energia nessas datas? Essa é uma pergunta sem resposta. Esses dias e noites sagrados, contudo, são a origem das datas dos 21 rituais wiccanos.

Muitos sobrevivem até hoje, tanto em formas seculares como religiosas. Celebrações do Primeiro de Maio (Festa da Primavera), Halloween, Dia da Marmota, e inclusive o Dia de Ação de Graças, para citar alguns feriados populares norte-americanos, estão todos relacionados

---

* Resquícios desse antigo costume ainda são encontrados até mesmo no Cristianismo. A Páscoa, por exemplo, cai no domingo seguinte à primeira Lua Cheia após o equinócio de primavera, uma maneira particularmente "pagã" de organizar ritos religiosos.

à antiga adoração pagã. Versões altamente cristianizadas dos Sabbats também foram preservadas na Igreja Católica.

Algumas das antigas festas pagãs, desprovidas de seu caráter sacro pela dominância do Cristianismo, foram deturpadas. O Samhain parece ter sido saqueado pelos fabricantes de doces nos Estados Unidos, ao passo que o Yule, uma vez entre as datas pagãs mais sagradas, tornou-se uma deslavada exploração comercial. E inclusive os ecos do nascimento de um salvador cristão mal podem ser ouvidos, ofuscados pelo tilintar das caixas registradoras.

Mas a antiga magia permanece nesses dias e a Wicca os celebra. Os rituais variam muito, mas todos estão relacionados à Deusa e ao Deus, e ao nosso lar, a Terra. A maioria dos ritos é celebrada à noite por motivos práticos, assim como para lhes dar um certo ar de mistério. Os Sabbats, como são orientados pelo Sol, são naturalmente celebrados ao meio-dia ou na alvorada, mas isso é raro nos dias atuais.

Os Sabbats contam-nos uma das histórias da Deusa e do Deus, de seu relacionamento e dos efeitos que este tem na fertilidade da terra. Há muitas variações desses mitos, mas há um bem comum, tecido em descrições básicas dos Sabbats.

Excerto extraído de *Guia Essencial da Bruxa Solitária,* de Scott Cunningham.

História de Yule

A Deusa dá à luz um filho, o Deus, no Yule (cerca de 21 de dezembro). Esta não é, de forma alguma, uma adaptação da Cristandade. O solstício de inverno há muito é visto como um tempo de nascimentos divinos. Dizem que Mitra [o deus persa da luz e da verdade] nasceu nessa época. Os cristãos simplesmente o adotaram para seu uso em 273 da Era Comum.

Yule é um tempo de escuridão, sendo o dia mais curto do ano. Povos antigos notaram esse fenômeno e suplicaram às forças da natureza que tornassem os dias mais longos e as noites mais curtas. Os wiccanos, às vezes, celebram o Yule logo antes do amanhecer, observando em seguida o nascimento do Sol, como um encerramento adequado de seus esforços.

Por ser o Deus também o Sol, essa data marca o ponto do ano em que o Sol também renasce. Assim, a Wicca acende fogueiras ou velas para dar as boas vindas ao retorno da luz solar. A Deusa, em letargia após o inverno de sua gestação, descansa após o parto.

Yule é o remanescente dos rituais primordiais, celebrados para apressar o final do inverno e a chegada da primavera, quando os alimentos se tornavam novamente abundantes. Para os wiccanos contemporâneos, é um lembrete de que o produto final da morte é o renascimento, um pensamento reconfortante nesses dias de intraquilidade.

Excerto extraído de *Guia Essencial da Bruxa Solitária*, de Scott Cunningham.

Sabbat de Yule

O altar é preparado, as velas e o incensório são acesos, e o Círculo de Pedras é lançado.

Adorna-se o Caldeirão com folhagens: alecrim, pinho, visco, cedro, com as sempre-vivas representando a continuidade da vida em meio à desolação aparente.

Cada membro do coven deverá levar folhas ou galhos finos e secos e depositá-los ao redor do altar para uso no ritual.

O coven fica em pé dentro de um Círculo, de mãos dadas, enquanto o(a) líder recita a Prece para Proteção.

Os deuses são invocados. Agora o(a) líder diz:

> *Não lamente, embora o mundo esteja envolto em torpor;*
> *Não lamente, embora o vento sopre suas rajadas;*
> *Não lamente, embora a neve caia forte e profundamente;*
> *Não lamente, logo estas serão águas passadas.*

O(a) líder acende o conteúdo do Caldeirão até que as chamas resplandeçam livremente.

Todos pegam seus galhos ou folhas secas e ficam em pé, próximos ao Caldeirão, lançando dentro dele sua oferenda. Então, todos se juntam dentro de um Círculo ao redor do altar, dizendo, com suavidade:

A Roda gira; o Poder arde.

Repita a frase nove vezes.

Então, o(a) líder diz:

Não lamente, embora o Deus jaza morto pelo tempo;
Pois a Grande Deusa é graciosa; e há de dar à luz o Deus novamente.
Salve a Rainha dos Céus!
Salve a Rainha da Terra!
Salve a Rainha dos Oceanos!
Salve a Rainha do Renascimento!

Todos repetem o cântico diversas vezes.

Depois de terminado, o(a) líder deverá dizer:

A morte não passa de um portal para a vida.

Meditação, trabalhos de clarividência e outras operações podem ser realizados.

O Banquete Simples.

O Círculo é desfeito. Em seguida, acontecem os jogos e o banquete.

Decorar uma árvore de Yule é uma prática tradicional, embora não haja nenhuma cerimônia especial para isso. A árvore deve ser viva, plantada em vaso, e ser assim mantida depois que a estação tiver passado.

O pedaço de madeira para lenha usado no Yule é simplesmente uma representação da morte e do renascimento do Deus no fogo sagrado da Grande Deusa. Se assim for o desejado, o coven pode selecionar a peça que lhe parecer mais adequada, esculpir ou desenhar nela com giz uma figura humana estilizada e queimá-la em uma fogueira ou em uma cavidade na terra. Contudo, isso é desnecessário.

Yule

O Caldeirão deve ser colocado ao Sul, adornado com azevinho, hera e visco. Acenda o conteúdo dele. Não deve haver nenhuma outra luz, exceto as das velas do altar e em volta do Círculo.

Lance o Círculo de Pedras.

Faça a Ciranda enquanto a Alta Sacerdotisa recita o seguinte encantamento:

Rainha da Lua, Rainha do Sol,
Rainha dos Céus, Rainhas das Estrelas,
Rainha das Águas, Rainha da Terra,
Traga a nós a Criança Prometida!

É a Grande Mãe que a ele dá à luz,
É o Senhor da Vida que novamente nasce e reluz.
Trevas e lágrimas se desvanecem
Quando os raios do Sol mais cedo aparecerem.

Dourado Sol das Montanhas,
Ilumine o Solo, Ilumine o Mundo,
Ilumine os Mares e os Rios,
Sem mais tristezas, Alegria para o Mundo!

Abençoada seja a Grande Deusa,
Sem início, sem fim,
Até a eternidade se fará sua presença,
I.O. EVOHE, ABENÇOADA SEJA.
I.O. EVOHE ABENÇOADA SEJA.
I.O. EVOHE ABENÇOADA SEJA!

Bolos e Vinho.
O Círculo é desfeito.
Banquete e troca de presentes.

História do Imbolc

O Imbolc (2 de fevereiro) marca a recuperação da Deusa depois do nascimento do Deus. Os períodos prolongados de luz fazem com que ela acorde. O Deus é um garoto jovem e vigoroso, mas seu poder é sentido nos dias mais longos. O calor fertiliza a terra (a Deusa), fazendo com que as sementes germinem e brotem. E, assim, ocorrem os traços iniciais da primavera.

Este é um Sabbat de purificação depois do encerramento da vida no inverno, por meio da renovação do poder do Sol. Também é um festival de luz e de fertilidade, que já foi notável na Europa pelo uso de imensas fogueiras, tochas e labaredas de toda espécie. O fogo aqui representa nossa própria iluminação e inspiração, assim como luz e calor.

O Imbolc também é conhecido como Festival das Tochas, Oimelc, Lupercalia, Festival de Pã, Snowdrop Festival [Festival escocês], Festival do Aumento da Luz, Dia de Brigid [Brighid] e por muitos outros nomes. Algumas mulheres wiccanas seguem o antigo costume escandinavo de usar coroas de velas acesas, porém, é mais comum carregarem círios durante suas invocações.

Esta é uma das épocas tradicionais para iniciações em covens, e, da mesma forma, rituais de autodedicação podem ser realizados ou renovados no Imbolc.

Excerto extraído de *Guia Essencial da Bruxa Solitária*, de Scott Cunningham.

Sabbat de Imbolc

O altar é arrumado, as velas e o incensório são acesos, e o Círculo de Pedras é lançado.

Um símbolo da estação, tal como um floco de neve cristalino, uma flor branca ou um punhado de neve, deve ser colocado no altar; bem como uma vela para cada membro do coven presente.

O coven posiciona-se em pé em um círculo, de mãos dadas, enquanto o(a) líder recita a Prece para proteção.

Os deuses são invocados. Então, o(a) líder diz:

> *No Imbolc a terra é coberta pelo inverno; o ar se torna frio e a geada cobre as plantas verdes e tenras do vale. O Deus da floresta e dos campos dorme; e neste repouso ele é renascido pela Grande Deusa, como tudo deve ser;*
>
> *E, assim, o que era triste se torna alegre; e o que agora dorme ou cochila*
> *ou jaz sem vida há de vir à existência e renascer.*
> *E, portanto, celebremos a vinda do Deus*
> *e o parto da Deusa!*

Cada um dos presentes pega uma vela do altar e a acende a partir da vela da Deusa. O coven permanece em pé, formando um círculo ao redor do altar. O(a) líder conduz todos a uma lenta caminhada em torno do Círculo de Pedras. Quando este tiver sido percorrido três vezes, o(a) líder ordena que parem e acende o conteúdo do caldeirão com sua vela. O coven faz o mesmo em seguida e todos observam, enquanto o caldeirão lança suas chamas e emite faíscas de vida.

O(a) líder diz:

Vocês veem a luz? Esse é o fogo do Renascimento;
a essência ardente que é a própria Vida!

Todos sentam-se e meditam sobre o significado do ritual, do ciclo do renascimento, sobre o significado da morte e, finalmente, do nascimento em si.

Quando terminado, se houver algum trabalho divinatório a ser feito, este é um ótimo momento para isso.

O Banquete Simples.
O Círculo é desfeito.
Seguem-se os jogos e o banquete.

Imbolc

Forme o Círculo de Pedras.

O Alto Sacerdote deve posicionar-se ao Sul, com o athame na mão direita, a varinha, na esquerda, enquanto os braços estão cruzados sob o peito. A Alta Sacerdotisa permanece em pé, diante dele, e diz:

Temível Senhor da Vida e do Renascimento;
Senhor da Vida, Doador de Vida,
Cujo nome é o Mistério dos Mistérios,
Encha nossos corações de coragem!
Permita que a luz se cristalize em nosso sangue
Trazendo-nos ao renascimento.
Pois não há parte de nós que não pertença aos Deuses.
Manifeste-se, rogamos,
em nosso Alto Sacerdote, _____.

O Alto Sacerdote, então, recita a Invocação do Grande Deus. A Alta Sacerdotisa o beija em reconhecimento. Bolos e Vinho.

O Círculo é desfeito e o banquete é realizado como de costume.

História de Ostara

Ostara (meados de 21 de março), o equinócio de primavera, também conhecido como primavera, Ritos de Primavera e Dia de Eostra, marca o primeiro dia da verdadeira primavera. As energias da natureza sutilmente passam da letargia invernal à exuberante expansão da primavera. A Deusa cobre a Terra com fertilidade, acordando, radiante, de seu sono, enquanto o Deus se expande e vai crescendo até atingir a maturidade. Ele caminha pelos campos verdes e deleita-se com a abundância da natureza.

Em Ostara, as horas do dia e da noite têm a mesma duração. A Luz está sobrepujando as trevas; a Deusa e o Deus impulsionam as criaturas selvagens da terra a se reproduzirem.

Este é um tempo de inícios, de ação, de feitiços para ganhos futuros e do ritual de cuidar de jardins.

Excerto extraído de *Guia Essencial da Bruxa Solitária*, de Scott Cunningham.

Sabbat de Ostara

O altar é arrumado, as velas e o incensório são acesos, e o Círculo de Pedras é lançado.

Flores decoram o Círculo, o altar e inclusive os próprios membros do coven, se assim desejarem. Uma planta em vaso, florescendo, deve ser colocada sobre o altar. O Caldeirão é preenchido de água e flores.

Recita-se a Prece para Proteção.

Os deuses são invocados.

Todos contemplam a planta enquanto o(a) líder diz:

> *A Deusa liberta-se da prisão de gelo do Inverno;*
> *É o momento do Renascimento da Natureza, quando a terra viceja novamente e o perfume das flores flutua com a brisa.*
> *Este é o tempo do início, quando a Vida se renova*
> *e quando o Deus do Sol expande-se e ergue-se, nesta estação, ansioso em sua juventude, mas pleno da promessa do Verão.*

O(a) líder pega a planta e a segura, concentrando-se em transmitir-lhe energia. A planta é passada adiante, em volta do Círculo, e cada membro do coven faz o mesmo. Quando todos tiverem enviado energia à planta, ela é recolocada no altar. O coven decide para onde a planta deve ir: a um lugar reservado, a um hospital, a um amigo, aos seres selvagens da floresta – o que parecer mais apropriado.

Em seguida, o(a) líder diz:

> *Assim como amamos esta planta; assim como amamos toda
> a natureza;*
> *Que possamos nutrir em nossos corações amor por tudo que
> há na natureza;*
> *Assim é o Antigo Caminho da Wicca, amar a natureza e todas
> as suas criações.*

Meditações podem ser realizadas nesse momento, se assim for desejado.
O Banquete Simples.
O Círculo é desfeito.
Seguem-se os jogos e o banquete.

Pode-se realizar um jogo tradicional: colha uma braçada de flores de diversos tipos, mas somente as que puder identificar. Lembre-se de colhê-las de modo tradicional, explicando à planta porque está tirando parte dela e oferecendo algo simbólico em troca. Selecione flores comuns, como a rosa, a margarida, a boca-de-leão – quaisquer flores plenas e da estação.

As flores são arrumadas em um vaso grande. Quando o Círculo for desfeito, e o banquete encerrado, leve o vaso para fora e faça com que todos os membros do coven venham à sua frente e peguem uma flor. Depois disso, cada qual explica o motivo por trás da escolha daquela flor específica.

A seguir, o significado e os usos mágicos tradicionais de cada planta são discutidos, proporcionando assim uma pista sobre a natureza de cada uma das pessoas, de acordo com suas escolhas florais.

Outras atividades tradicionais incluem a plantação de sementes, trabalhos em jardins mágicos e assim por diante.

Ostara (Equinócio de Primavera)

Forme o Círculo de Pedras.
A Alta Sacerdotisa acende o fogo no Caldeirão, dizendo, ao mesmo tempo:

> *Alimento este fogo hoje, na presença dos Poderosos,*
> *Sem malícia, sem ciúme, sem inveja, sem*
> *Temer coisa alguma sob o Sol, exceto os Altos Deuses.*
> *Invocamos a vós, Ó Luz da Vida: Sejais uma chama brilhante*
> *perante nós,*
> *Sejais uma Estrela Guia acima de nós,*

Sejais um caminho suave abaixo de nós;
Alimente fora de nossos corações uma chama de amor por aqueles que nos cercam,
Por nossos inimigos, por nossos amigos, a toda espécie semelhante,
A todos nesta ampla Terra, Ó Misericordioso Filho de Diana,
Da mais ínfima das coisas que vivem
Até o mais alto de todos os nomes, Dryghtyn.

Todos saltam o Caldeirão, se possível.
Bolos e Vinho.
Desfaça o Círculo de Pedras.
Banquete e jogos vêm em seguida, se assim for desejado.

História de Beltane

Beltane (30 de abril) marca a emersão do Deus jovem na idade viril. Agitado pelas energias operantes na natureza, ele deseja a Deusa. Os dois apaixonam-se, deitam-se entre os gramados e as florescências e unem-se. A Deusa engravida do Deus. Os wiccanos celebram o símbolo de sua fertilidade em ritual.

Beltane (também conhecido como Dia de Maio), há tempos, é marcado com banquetes e rituais. Maypoles [mastros, adornados, ao redor dos quais se dança na celebração desse dia], como símbolos fálicos supremos, eram o ponto central dos rituais em antigos vilarejos ingleses. Muitas pessoas levantavam-se à alvorada para colher flores e galhos verdes dos campos e dos jardins, usando-os para decorar o Maypole, seus lares e a si mesmos.

As flores e folhagens simbolizam a Deusa, e o Maypole, o Deus. Beltane marca o retorno da vitalidade, da paixão e das esperanças consumadas.

Maypoles são, às vezes, usados por wiccanos nos dias de hoje durante os rituais de Beltane, mas o Caldeirão é um foco mais comum nas cerimônias. Representa, é claro, a Deusa – a essência da feminilidade, o final de todo desejo, o igual, embora não oposto ao Maypole, símbolo do Deus.

Excerto extraído de *Guia Essencial da Bruxa Solitária*, de Scott Cunningham.

Sabbat de Beltane

O altar é arrumado, as velas e o incensório são acesos, e o Círculo de Pedras é lançado.

Uma pequena árvore viva deve ser colocada dentro do Círculo, perto do altar.

Cada membro do coven que estiver presente deverá levar um pequeno amuleto, oferenda símbólica ou ornamento confeccionado para ser colocado na árvore.

Caso for possível, também deve haver uma trompa rústica de chifre animal* sobre o altar. É feita a Prece para Proteção.

Os Deuses são invocados.

O(a) líder diz ao coven:

O Deus brilha reluzente no céu;
a Deusa trouxe uma profusão de flores
e folhas e criaturas vivas para a Terra.
Agora a Deusa toma o Deus como seu parceiro;
e toda a terra se regozija em uma luxuriante chama de cores.
Apresentemos nossas oferendas ao Divino Casal!

Todos colocam suas oferendas simbólicas na árvore.

A seguir, um jovem, pela tradição, pega a trompa e vai até o ponto Norte do Círculo de Pedras. Assopra uma vez o instrumento e diz:

Deus Antigo do Verão, damos a ti as boas-vindas!

Faz o mesmo voltado para o Leste, o Sul e o Oeste.
Meditações e Clarividência.
O Banquete Simples.
O Círculo é desfeito.
Seguem-se os jogos e o banquete.

---

* N.T.: *Horn*, como consta no texto original, é a trompa tradicionalmente utilizada em antigos rituais wiccanos, confeccionada em chifre de carneiro. No Brasil, o que mais se assemelha a esse artefato é o berrante, espécie de buzina de chifre de boi empregada por boiadeiros para tanger o gado.

Beltane

Forme o Círculo de Pedras.
Dancem a Ciranda.
Se possível, subam nos mastros. A Alta Sacerdotisa lidera, com passos rápidos de dança, entoando o seguinte cântico:

> *Oh, não falai ao Padre sobre nossa Arte,*
> *Pois ele a chamaria de pecado,*
> *Pois estaremos nos bosques, por toda a noite,*
> *A conjurar o verão.*
> *E trazemos a vós boas novas por meio de nossas palavras,*
> *Para mulheres, gados e cereais,*
> *Pois o Sol está chegando do Sul,*
> *Com o Carvalho, o Freixo e o Espinho.*

Peça à Lua para descer sobre vós.
Bolos e Vinho.
O Círculo de Pedras é desfeito.
Seguem-se danças, banquete e jogos, se assim desejarem.

História do Midsummer

Midsummer, o solstício de verão (meados de 21 de junho), também conhecido como Litha, chega quando os poderes da natureza alcançam seu ponto mais alto. A Terra está nadando em grãos na fertilidade da Deusa e do Deus.

Em tempos passados, pulavam-se fogueiras para encorajar a fertilidade, a purificação, a saúde e o amor. O fogo, uma vez mais, representa o Sol, festejado nesta época de maior duração do dia.

O Midsummer é um tempo clássico para magia de todos os tipos.

Excerto extraído de *Guia Essencial da Bruxa Solitária*, de Scott Cunningham.

Sabbat de Midsummer

O altar é arrumado, as velas e o incensório são acesos, e o Círculo de Pedras é lançado.

Cada membro do coven deverá, antes de chegar para o rito, confeccionar um amuleto de pano recheado de ervas, tais como lavanda, erva-de-são-joão e verbena. Este deve ser atado com uma fita ou cordão vermelho. Todos devem colocar seus amuletos ao lado do altar antes do início dos ritos.

O coven permanece em pé, no Círculo, enquanto o líder profere a Prece para Proteção.*

Os deuses são invocados da forma costumeira e o líder diz:

> *Este é o tempo do Equilíbrio.*
> *Este é o dia em que as horas de Luz e Trevas*
> *são igualmente divididas, quando tudo na Natureza atinge o clímax,*
> *brotando com radiante energia, reluzindo.*
> *A Deusa caminha pelos campos, para as plantações sorrindo,*
> *enquanto o Deus envia seus raios para as colheitas acelerar.*
> *Agora é o tempo de cuidados e destruições passados olvidar;*
> *Agora é chegado o momento para a todos purificar.*

Todos pegam seus amuletos enquanto o líder acende o Caldeirão. Enquanto cada um lança seu amuleto para dentro do Caldeirão, eles dizem:

> *Estou banindo-o em nome de Dryghtyn!*

Quando todos tiverem terminado, retornam para formar um anel em torno do altar, movendo-se três vezes em seguida em torno dele.

O(a) líder, então, diz:

> *Nesta noite da magia de Verão, quando o Deus e*
> *a Deusa reinam supremos; possamos nos lembrar do equilíbrio*
> *interno e em tudo da natureza; o equilíbrio imutável*
> *que a perfeição reflete.*
> *Abençoados sejam!*

O Banquete Simples.
O Círculo é desfeito.

---

* A Prece para Proteção aqui parece ser mais adequada a um ritual de equinócio de outono/Mabon. Para uma outra seleção de ritual de Midsummer, veja *Guia Essencial da Bruxa Solitária*, de Scott Cunningham.

Em seguida, vêm os banquetes e os jogos, pela tradição, até o amanhecer. Jogos de habilidades, concursos, esportes competitivos, canções e jogos sagrados são atividades tradicionais para essa noite.

Midsummer

Perante o altar é colocado o Caldeirão, cheio de água fresca e adornado com flores.

Lance o Círculo de Pedras.

O coven permanece em pé, em torno do Círculo, com o Alto Sacerdote ao Sul e a Alta Sacerdotisa ao Norte. A Alta Sacerdotisa ergue a Varinha Mágica, dizendo:

> *Ó Grande dos céus,*
> *Poder do Sol,*
> *Invocamos a ti em teus antigos nomes –*
> *Michael, Balin, Arthur, Lugh, Herne –*
> *Vem novamente como outrora até esta tua terra.*
> *Erga tua lança reluzente para nossa proteção,*
> *Colocando a fugir os poderes da escuridão.*
> *Provê a nós longínquas florestas e verdes campos,*
> *orquídeas florescentes e sementes que estão amadurecendo.*
> *Leva-nos a ficar em pé na Colina da Visão, e mostra-nos*
> *os Adoráveis Reinos dos Deuses.*

A Alta Sacerdotisa entrega a Varinha Mágica ao Alto Sacerdote, que a mergulha no Caldeirão, ergue-a aos céus e diz:

> *A Ponta está para o Caldeirão, a Lança para o Graal, O Espírito para a Carne, o Homem para a Mulher, o Sol para a Terra.*

Ele reúne-se ao coven.

A Alta Sacerdotisa pega o borrifador e, em frente ao caldeirão, diz:

> *Dancem em torno do Caldeirão de Diana, a Deusa querida,*
> *e abençoados sejam pelo toque desta água consagrada,*
> *até mesmo enquanto o Sol, Senhor da Vida, ergue-se*
> *em sua força ao sinal das Águas da Vida.*

Todos, com exceção da Alta Sacerdotisa, dançam no sentido horário, completando três voltas ao redor do Altar e do Caldeirão, conduzidos pelo Alto Sacerdote, que ainda segura a Varinha Mágica. A Alta Sacerdotisa borrifa água em cada pessoa que passa diante de si.

O Círculo é desfeito.
Bolos e Vinho.
Jogos, dança, banquetes, conforme a orientação da Alta Sacerdotisa.
(O borrifador: ate ramos frescos de três ervas, consagradas aos deuses ou quaisquer disponíveis na região. Amarre nove vezes, com nove nós e linha branca.)

História de Lughnasadh

Lughnasadh (1º de agosto) é a época da primeira colheita, quando as plantas da primavera fenecem e deixam cair seus frutos ou suas sementes para nosso uso, e para garantir futuras colheitas. Em termos místicos, assim também o Deus perde sua força à medida que o Sol se ergue mais ao longe, ao Sul, a cada dia que passa e as noites ficam mais longas. A Deusa observa com tristeza e, ao mesmo tempo, com alegria quando percebe que o Deus está morrendo, e ainda assim vive dentro dela como seu filho.

Lughnasadh, também conhecido como Véspera de Agosto, Festival do Pão, Lar da Colheita e Lammas, nem sempre foi observado nesse dia. Coincidia, originalmente, com as primeiras colheitas.

Conforme o verão passa, os wiccanos lembram-se de sua calidez e generosidade nos alimentos que ingerimos. Toda refeição é um ato de harmonia com a natureza, e somos lembrados de que nada no universo é constante.

Excerto extraído de *Guia Essencial da Bruxa Solitária*, de Scott Cunningham.

Sabbat de Lughnasadh

O altar é arrumado, as velas e o incensório são acesos, e o Círculo de Pedras é lançado.

O altar fica repleto com a primeira colheita; cereais e frutas são a tradição, assim como feixes de trigo. Uma imagem do Deus feita de pão é, tradicionalmente, colocada também no altar.

O(a) líder recita a Prece para Proteção. Os deuses são invocados como de costume. Nesse momento, o(a) líder diz:

> *Este é o tempo da Primeira Colheita; quando as*
> *benesses da Natureza são dadas a nós para que possamos*
> *sobreviver.*
> *Tais são os mistérios da Vida; que tudo existe*
> *para que outros possam existir; e que nossa jornada em busca da perfeição*
> *não nos deveria a outras jornadas cegar.*

> *O Deus dá sua própria vida; mas nós, da Wicca, não lamentamos;*
> *pois também, para que outros possam sobreviver, nós nos doamos.*
> *E a Deusa acima de nós brilha, e nós nos regozijamos.*

O Banquete Simples.
O Círculo é desfeito.
Seguem-se os jogos e o banquete.
É tradição brincar de fazer bonecas com espigas de milho.

Lughnasadh

Forme o Círculo de Pedras.
A Alta Sacerdotisa permanece em frente ao altar enquanto diz:

> *Ó Poderosa Mãe de nós todos, Mãe de toda fecundidade,*
> *Conceda-nos Frutos e Grãos, Greis e Rebanhos,*
> *e filhos para o clã, que sejamos poderosos.*
> *Por teu Amor Róseo, venha até tua sacerdotisa.*

Todos saúdam a Alta Sacerdotisa.
Bolos e Vinho.
O Círculo é desfeito.
Danças, banquete.

História de Mabon

Mabon (meados de 21 de setembro), o equinócio de outono, é o término da colheita que teve início no Lughnasadh. Mais uma vez, noite e dia são iguais, equilibrados, enquanto o Deus se prepara para deixar seu corpo físico e dar início à sua grande aventura no invisível, em direção à renovação e ao renascimento a partir da Deusa.

A Natureza declina, retrai sua generosidade, preparando-se para o inverno e seu tempo de descanso. A Deusa acena ao Sol que se enfraquece, embora o fogo arda em seu ventre. Ela sente a presença do Deus, mesmo enquanto ele se desvanece.

Excerto extraído de *Guia Essencial da Bruxa Solitária*, de Scott Cunningham.

Sabbat de Mabon

O altar é arrumado, as velas e o incensório são acesos, e o Círculo de Pedras é lançado.

O altar é decorado com bolotas (frutos do carvalho) e ramos de carvalho, cones de pinho, cones de cipreste, espigas de milho, ramos de trigo e outras frutas.

Folhas outonais podem ser espalhadas em volta do Círculo ou no altar. Segundo a tradição, crisântemos e calêndulas também são colocados no altar.

O coven permanece em pé, dentro de um Círculo, enquanto o(a) líder recita a Prece para Proteção.

Os Deuses são invocados. O(a) líder diz:

> A colheita foi realizada; o Deus dá sua própria vida, desvanece,
> e segue em uma jornada aos mais altos planos, e o céu escurece.
> Ventos frios sopram do Norte enquanto as
> plantas ficam pardas e fenecem.
> Mas em face da aparente extinção,
> a Deusa envia seu poder, e este nos sustenta e nos aquece,
> e assim, nos dias negros do Inverno, somos confortados
> pelo conhecimento de que tudo é ciclo; nascimento e morte e renascimento.
> Bênçãos recaiam sobre a Grande Deusa e o Deus Caído,
> Em jornada até as Terras do Verão!

O Banquete Simples.
O Círculo é desfeito.
Seguem-se os jogos e o banquete.

Mabon (Equinócio de Outono)

O altar deve ser decorado com símbolos outonais: cones de pinho, ramos de carvalho, bolotas ou espigas de milho.

Forme o Círculo de Pedras.

O coven permanece em pé, em torno do Círculo, a Alta Sacerdotisa invoca, perante o Altar:

> Adeus, ó Sol, Luz que sempre retorna,
> O Deus recôndito, que, oculto, ainda permanece,
> E agora parte para a Terra da Juventude,
> Atravessando os Portões da Morte,
> para sua morada dormente
> até que a Primavera comece.
> Ainda assim, até mesmo enquanto permanece invisível no Círculo,
> Está ele contido na Semente Secreta,
> A Semente dos grãos recém-amadurecidos,
> A Semente da carne oculta na Terra,

> *A maravilhosa Semente das Estrelas,*
> *Nele reside a Vida, Luz da Humanidade,*
> *Aquela que nunca nasceu e nunca morreu,*
> *Portanto, wiccanos, não chorais, regozijai-vos!*

A Alta Sacerdotisa saúda o Alto Sacerdote. Dançam a ciranda três vezes em torno do Círculo.

Bolos e Vinho.

O Círculo é desfeito.

Jogos e banquete. Dancem, se assim for desejado.

História do Samhain

No Samhain (31 de outubro), os wiccanos despedem-se do Deus. Trata-se de um adeus temporário. Ele não está envolto em trevas eternas, mas sim apto a renascer da Deusa no Yule.

Samhain, também conhecido como Véspera de Novembro, Festival dos Mortos, Festival das Maçãs, Dia Sagrado e Dia de Tudo o Que é Sagrado, já foi um tempo voltado para sacrifícios. Em algumas regiões, animais eram mortos nessa temporada para garantir alimento durante as fases mais difíceis do inverno. O Deus, identificado com os animais, caía também, de modo a garantir a continuidade de nossa existência.

Samhain é uma época de reflexão, de olhar para o passado e analisar o ano que passou, de ficar em paz com o único fenômeno da vida sobre o qual não temos controle algum – a morte. Os wiccanos sentem que, nesta noite, a separação entre as realidades física e espiritual é um fino véu. E lembram-se de seus ancestrais e de todos aqueles que se foram antes deles.

Depois de Samhain, os wiccanos celebram o Yule, e assim a roda do ano completa-se.

Excerto extraído de *Guia Essencial da Bruxa Solitária*, de Scott Cunningham.

Sabbat de Samhain

O altar é arrumado, as velas e o incensório são acesos, e o Círculo de Pedras é lançado.

O(a) líder diz:

> *Nesta noite, os grandes portões das Terras do Verão se abrem para aquele a quem prezamos; o Deus Sol, com sua vida desvanecendo,*

> *realizou a agradável jornada e adentrou à morada*
> *da Terra da Juventude, até que nasça uma vez mais.*
> *E este é o caminho para todos nós; portanto, não olhem para*
> *a morte como um inimigo a ser derrotado, ou um amigo*
> *acolhido antes da hora;*
> *vejam-na apenas como um outro*
> *passo em sua evolução; um passo inevitável,*
> *como o nascer do Sol e o surgir da Lua;*
> *nem mais, nem menos; assim, possam viver em plenitude,*
> *sem temores nem inquietude.*
> *Pois todos renascemos pela Graciosa Deusa,*
> *e assim, no momento de maior escuridão, a luz desanuvia.*

Todos meditam; pode-se realizar a comunicação com aqueles que já se foram, se assim for desejado, mas não é necessário.

O Banquete Simples.

O Círculo é desfeito. Seguem-se banquetes e jogos.

Samhain

Caminhe ou dance lentamente levando tochas ou velas até o local de encontro do coven. Lance o Círculo de Pedras.

O Alto Sacerdote conduz a Alta Sacerdotisa e ambos erguem os athames durante a dança.

A Alta Sacerdotisa faz a invocação depois da dança:

> *Temível Senhor das Sombras,*
> *Deus da Vida e de Vida Doador,*
> *Ainda assim, o teu conhecimento é o da Morte.*
> *A ti elevo minhas preces,*
> *para que sejam largos, abertos*
> *os Portões da nossa travessia.*
> *Permiti que nossos entes queridos que já fizeram essa jornada*
> *Retornem nesta noite para de nossa alegria compartilhar,*
> *e quando for chegado o tempo, como deve ocorrer,*
> *Ó Confortador, Consolador, Doador da Paz e do Descanso,*
> *entraremos na Terra da Juventude*
> *felizes e de medo desprovidos,*
> *como tu fazes a cada ano que passa,*
> *muito, mas muito tempo antes de nossa consciência existir;*

e quando renovados e descansados, de nossos queridos, no entremeio,
renascidos seremos uma vez mais da graça, por meio
da Deusa Mãe, Diana,
Que seja no mesmo local e no mesmo tempo
de nossos entes queridos e possamos, felizes,
nos encontrarmos, e conhecer e lembrar, e mais
uma vez amá-los.
Manifesta-te, rogamos a ti,
em teu Sacerdote _____.

Bolos e Vinho.
O Círculo é desfeito.
Dança e banquete. Adivinhações, conforme for decidido.

Ritos da Lua Cheia

Os Sabbats são rituais solares, que marcam os pontos do ciclo anual do Sol, e compõem metade do ano ritualístico wiccano. Os Esbats são as celebrações wiccanas da Lua Cheia. Nesses tempos, reunimo-nos para adorar Aquela Que É. Não significa que os wiccanos omitam o Deus nos Esbats – ambos são geralmente reverenciados em todas as ocasiões ritualísticas.

Há entre 12 e 13 Luas Cheias por ano, ou uma a cada 28 dias. A Lua é um símbolo da Deusa, assim como uma fonte de energia. Sendo assim, de acordo com os aspectos religiosos dos Esbats, os wiccanos, com frequência, praticam magia lidando com maiores concentrações de energia que se acredita haver em tais ocasiões.

Excerto extraído de *Guia Essencial da Bruxa Solitária*, de Scott Cunningham.

Rito de Lua Cheia

A Lenda

Nossa Dama Diana é senhora de todos os mistérios, inclusive os da morte; sendo assim, quando o inverno cobriu a Terra e nosso Senhor Cernunnos partiu mais uma vez, a Deusa o seguiu. No entanto, o Guardião dos Portais a desafiou: "Livre-se de seus trajes e joias; pois a esta terra você nada pode trazer".

Então, Diana depositou no chão sua coroa de crescente lunar, a pedra da lua, os braceletes de esmeralda de seus tornozelos e pulsos, os brincos de pérola, o colar de estrelas, o cinto sagrado e o véu que a cobre; despojou-se de todas essas coisas e estava no limiar, como ficam todos ao entrar no Reino dos Mortos.

Tal era sua beleza que o próprio Deus ajoelhou-se e beijou-lhe os pés, dizendo: "Abençoados sejam seus pés que lhe trouxeram a estes caminhos. Venha comigo, de minha morada compartilhar; deixa minha fria mão em seu coração encostar".

E ela respondeu: "Por que faz com que todas as coisas que amo e com as quais me deleito feneçam e morram?"

"Diana", respondeu Cernunnos, "é a idade e o fado, contra os quais meu poder é nulo. A idade faz com que tudo feneça; mas quando os homens morrem no final de seus tempos, a eles concedo paz e descanso para que possam retornar. Mas você é adorável; não retroceda e venha comigo morar!"

E assim Diana o fez por três dias e três noites; e a Lua ficou negra e invisível. O Deus lhe ensinou os mistérios da morte, e amaram-se e tornaram-se um.

Pois há três grandes mistérios na vida: Amor, Morte e Renascimento, todos controlados pela magia. Pois, para tornar o amor pleno, deve-se voltar ao mesmo tempo e lugar dos entes queridos, e é preciso lembrar-se e amá-los novamente. Mas, para renascer, é preciso morrer, e estar pronto para receber um novo corpo; e sem amor não é possível renascer. É nisso que a magia reside.

Esbat

A Alta Sacerdotisa varre o *covenstead* com sua vassoura, de modo a purificá-lo. O altar é arrumado, as velas e o incensório são acesos e o Círculo de Pedras é lançado.

O coven senta-se em círculo, enquanto o Alto Sacerdote ajoelha-se perante a Alta Sacerdotisa e diz, com os braços erguidos:

> *Diana, tu que és dos Deuses a Rainha, da Noite o Clarear,*
> *de tudo que é selvagem e livre, da mulher e do homem, a mãe*
> *e Criadora;*
> *amante do Deus Cornífero e de todos da Wicca protetora;*
> *manifesta-te, com teu Eixo do Poder Lunar,*
> *em tua Alta Sacerdotisa, _____.*

A Alta Sacerdotisa, então, recita a Canção da Deusa.

O Alto Sacerdote ergue-se e beija a Alta Sacerdotisa como forma de cumprimento.

A Magia é realizada.

O Círculo é desfeito.

Seguem-se os jogos e o banquete.

Esbat

O(a) líder varre o *covenstead* com sua vassoura, de modo a purificá-lo. O altar é arrumado, as velas e o incensório são acesos e o Círculo de Pedras é lançado

O coven permanece em pé, no Círculo, enquanto o(a) líder recita a Prece de Proteção.

Os deuses são chamados, fazendo-se uso das invocações a seguir, ou de quaisquer outras:

> *Antigo Deus das Florestas Profundas,*
> *Mestre das Feras e do Sol,*
> *Aqui, quando o mundo se aquieta e dorme,*
> *Agora que o dia se foi;*
> *Convocamos a ti como os antigos faziam*
> *Em nosso redondo Círculo traçado,*
> *Sabendo que há de ouvir nossas preces*
> *e sua Força Solar há de fazer recair sobre nós.*
>
> *Lunar Deusa da noite*
> *Que brilha tão acima*
> *Que com tua luz banha o altar de pedras*
> *E sabedoria, amor e alegria;*
> *Convocamos a ti, que em nosso rito te faças presente,*
> *e enquanto ao redor do Círculo dançamos*
> *Para que nos favoreça rogamos,*
> *e para que nos envie teu Amor Lunar suplicamos.*

Uma mulher deve invocar a Deusa, e um homem, o Deus.

Caso haja magia a ser realizada, todos se reúnem e conversam, sendo, então, o poder formado e levado adiante por meio da dança.

E se não houver atividade mágica a ser realizada, é momento de discutir os ensinamentos.

O Banquete Simples.

O Círculo é desfeito.

Seguem-se os jogos e o banquete.

O Rito da Lua Cheia

A Alta Sacerdotisa varre o *covenstead* com sua vassoura, de modo a purificá-lo. O altar é arrumado, as velas e o incensório são acesos, e o Círculo de Pedras é lançado.

O coven senta-se em um Círculo enquanto o Alto Sacerdote ajoelha-se perante a Alta Sacerdotisa e diz, com os braços erguidos:

> *Diana, tu que és dos Deuses a Rainha, da Noite o Clarear,*
> *de tudo que é selvagem e livre, da mulher e do homem, a mãe e Criadora;*
> *amante do Deus Cornífero e de todos da Wicca protetora;*
> *manifesta-te, com teu Eixo de Poder Lunar,*
> *em tua Alta Sacerdotisa, _____.*

A Alta Sacerdotisa então recita a Canção da Deusa. O Alto Sacerdote, em seguida, fala ao coven:

> *Esta é noite de Lua Cheia*
> *Quando os poderes lunares estão no ápice e a mística*
> *Luz da Lua toca as sombras*
> *As joias celestiais da Deusa iluminam céus e Terra*
> *Chamando-nos ao seu encontro. Honremos a Deusa!*

Todos entoam a Canção da Lua:

> *Diana do barco em forma de crescente, que viaja na Noite;*
> *Que ilumina o caminho para o solo do Sabbat com sua Luz Brilhante Lunar;*
> *Convocamos a ti para que estejas conosco, enquanto para perto de nós, estamos a chamar-te;*
> *Carrega-nos com teu amor e tua sorte e tua proteção e abençoe-nos com teu suspirar.*
> *Pois embora não passemos de carne mortal, a antiga ciranda a dançar,*
> *Rogamos a ti que atenda ao nosso desejo, e envia sobre nós teu Amor Lunar.*

A magia é realizada.
O Banquete Simples.
O Círculo é desfeito.
Seguem-se os jogos e o banquete.

THE FULL-MOON RITE

The High Priestess sweeps the covenstead with her Broom to purify it. The altar is set up, the candles and censer are lit, and the Circle of Stones is cast.

The Coven sits in a circle while the High Priest kneels before the High Priestess and says the following, with arms upraised:

> Diana, you who are queen of the Gods,
> the Lamp of Night, the Creator of all that is
> wild and free; the mother of woman and man;
> lover of the Horned God and protectress of
> all the Wicca; descend, with your Lunar Shaft
> of Power, upon your HIgh Priestess, _____.

The High Priestessthen reciets the Song of the Goddess.

High Priest then speaks to the Coven:

> Tonight is the night of the Full of the Moon,
> When Her powers are at their peak and when
> mystic moonlight touches the shadows. The
> Goddess' mystic jewel lights theh heavens,
> calling us to meet. Let us do her honor.

All sing the Moon Song:

> Diana of the crescent barge,
> Who travels in the Night,
> Who lights the way to Sabbat ground
> with glowing Lunar Light;
> We call you to be one with us
> As one we call you nigh;
> Charge us with your love and luck
> And bless us with your sigh.
> For though we be but mortal man flesh
> Who dance the ancient round,
> We pray that you'll attend to us
> And send your moon-love down.

Magic is made.
The Simple Feast.
The Circle is released.

Feasting and games follow.

O Rito da Lua Cheia

O altar é arrumado, as velas e o incenso são acesos e o Círculo de Pedras é lançado.

Será apropriado neste ritual dispor no altar flores brancas, cristais ou outros símbolos lunares.

O coven permanece em pé ao redor do Círculo, de mãos dadas, enquanto o líder diz a Prece de Proteção.

Os deuses são invocados da maneira usual. O líder diz:

> *Esta é noite de Lua Cheia*
> *Quando os poderes lunares estão no ápice e a mística*
> *Luz da Lua toca as sombras.*
> *As joias celestiais da Deusa iluminam céus e Terra*
> *Chamando-nos ao seu encontro. Honremos a Deusa!*

Todos meditam por alguns momentos sobre a Lua.

Depois de algum debate, se necessário, a magia é completada. Esta é também uma boa ocasião para magias divinatórias e trabalhos com espelhos mágicos.

O Banquete Simples.

O Círculo é desfeito. Seguem-se banquete e jogos.

Atraindo a Lua

O Alto Sacerdote ajoelha-se diante da Alta Sacerdotisa e, com os braços estendidos para o alto, diz:

> *Diana, tu que és dos Deuses a Rainha, da Noite o Clarear,*
> *de tudo que é selvagem e livre, da mulher e do homem, a mãe*
> *e Criadora;*
> *amante do Deus Cornífero e de todos da Wicca protetora;*
> *manifesta-te, com teu Eixo de Poder Lunar,*
> *em tua Alta Sacerdotisa.*

A Alta Sacerdotisa recita, então, a Canção da Deusa.

Bolos e Vinho

A Alta Sacerdotisa ajoelha-se, segurando e erguendo a taça com ambas as mãos. O Alto Sacerdote introduz a ponta do athame dentro da taça e diz:

> *Por meio deste ato, convoco-lhes, Ó Antigos.*
> *Abençoem este vinho e infundam-no com seu amor ilimitado.*
> *Façam com que se torne para seus filhos a Força Vital*
> *que em tudo flui; a essência manifesta dos abençoados elementos.*
> *Em nome de Diana e de Cernunnos, abençoo este vinho.*

O Alto Sacerdote ajoelha-se, ergue um prato de bolos, no qual a Alta Sacerdotisa, em pé, coloca a ponta de seu athame e diz:

> *Ó Rainha mais secreta e Senhor mais poderoso,*
> *Abençoem estes bolos em nossos corpos,*
> *Concedendo-nos saúde, riqueza, força, alegria e paz, e a plenitude do amor que é felicidade perpétua. Em nome de Diana e Cernunnos, abençoo estes bolos.*

A Alta Sacerdotisa bebe e come e, em seguida, o fazem o Alto Sacerdote e o restante do coven.

Consagrações

Muitas tradições fazem uso de um ritual específico para a consagração de instrumentos. Algumas usam os quatro elementos (Terra, Ar, Fogo e Água); outras, um salpicar de água consagrada e sal. Algum tipo de encantamento deve ser criado, emprestado ou adaptado, o qual resuma a ação do ritual. Esses ritos são, geralmente, bem curtos e dependem muito mais da energia daquele que realiza a consagração do que da forma do ritual em si.

Excerto extraído de *Vivendo a Wicca: Guia Avançado para o Praticante Solitário*, de Scott Cunningham.

Uma Consagração Geral

A ser usada com joias ou objetos diversos levados para dentro do Círculo de Pedras.

Coloque o objeto sobre o pentáculo, se possível. Diga:

> *Conjuro-lhe, Ó _____ , pelo Deus e pela Deusa,*
> *pela virtude dos Céus, das Estrelas,*
> *e dos Espíritos das Pedras; pela virtude do granizo, da neve e do vento,*
> *que receba tal virtude que, sem logros, possa obter*
> *para o fim que desejo em todas as coisas em que hei de usá-lo;*
> *pelos poderes da Mãe Deusa, Diana,*
> *e do Pai Deus, Cernunnos, consagro-lhe.*

O instrumento deve ser incensado, passado por chamas, ter em si água borrifada e então disposto de volta sobre o pentáculo, onde é borrifado com sal.

Consagração dos Instrumentos

Construa o Círculo de Pedras. Se possível, disponha quaisquer instrumentos, deixando-os encostar em um outro já consagrado: athame no athame, varinha na varinha. Lance o Círculo. Coloque o instrumento no altar, tocando-o com aquele consagrado, se possível, e diga:

> *Consagro-o, ó athame de aço (ou pentáculo de madeira, etc.),*
> *para limpá-lo e purificá-lo para que possa servir*
> *a mim dentro do Círculo de Pedras, para que eu possa realizar os ritos da Wicca. Em nome da*
> *Mãe Deusa e do Pai Deus, consagrado seja.*
> [Em uma versão alternativa, Cunningham diz: "Em nome de Diana e Cernunnos, consagrado seja".]

Borrifa-se sal no instrumento, que é passado pelo incensório, pelas chamas e depois é borrifad com água, invocando os Espíritos das Pedras, as forças elementais, para consagrá-lo.

Em seguida, ergue-se o instrumento, dizendo:

> *Carrego-o por Dryghtyn; pelo Deus Poderoso e pela Deusa Gentil;*
> *pelas virtudes do Sol, da Lua e das Estrelas;*
> *que eu obtenha os fins por mim desejados, usando-o.*
> *Carrega-o por meio de teu poder, ó, Dryghtyn!*
> [Uma versão alternativa de Cunningham remove este último verso, finalizando da seguinte forma: "Pelo poder de Diana e Cernunnos, que seja consagrado".]

O instrumento deve ser colocado em uso de imediato.

Preces, Cânticos e Invocações

Cânticos são usados para energizar ou comungar com as deidades. Algumas das invocações rimam, outras não. Isso simplesmente revela minha capacidade de compor rimas, imagino. Mas lembre-se do poder da rima – ela conecta nossa mente consciente ao inconsciente ou à mente psíquica, produzindo, por meio disso, a consciência ritualística.

Excerto extraído de *Guia Essencial da Bruxa Solitária*, de Scott Cunningham (ver nota na p. 5 sobre as fontes).

A Runa das Bruxas

Noite Escura e Lua Brilhante,
Leste, então Sul, depois Oeste, e ainda o Norte,
Ouvi a Runa das Bruxas,
Aqui venho para vos convocar.
Terra e Água, Ar e Fogo,
Varinha, Pentáculo, Espada,
Trabalhai para meu desejo atender,
Ouvi minha palavra.
Cordões e incensório, faca sagrada,
Poderes da lâmina das bruxas,
Despertai todos vós em minha vida,
Venhais conforme o feitiço é realizado.
Rainha do Céu, Rainha da Terra,
Caçador Cornífero da noite,
Emprestai vosso poder; fazei meu feitiço nascer
e operai minha vontade por meio do rito mágico.
Por todos os poderes da terra e dos mares,
Por todo poder da Lua e do Sol:
Fazei a minha vontade, que assim seja,
Entoo o feitiço e que seja feito:

Eko, Eko, Azarak,
Eko, Eko, Zomelak,
Eko, Eko, Diana,
Eko, Eko, Cernunnos! (três vezes)

Invocação a Diana

Diana! Diana! Diana!
Rainha de todas as magas
e da noite escura,
e de toda natureza,
Das estrelas e da Lua,
e de todo fado e fortuna!
Tu que governas a maré,
Que brilhas à noite no oceano,
Lançando a luz nas águas;
Tu que do oceano é senhora
Em teu barco feito como um crescente,
Barco Lua Crescente brilhante e reluzente,
Sempre sorrindo alta no céu,
Singras também na terra, refletida no oceano,
em sua água; Protege-me
e guia-me em meus rituais e em minha vida!

Invocação Preliminar

Lunar Diana,
Pã da Floresta,
Estejam conosco em forma de mulher
Junto com os homens em adoração.
Ensinem a sabedoria
Do viver para a vida;
Ajudem a criar Alegria a partir do conflito.
Pã e Diana
Abençoem-nos nesta noite;
nos tornem sagrados
Sob seus olhos.

Invocação Preliminar

Diana do barco lunar crescente
Que à noite viaja;
Que ilumina o caminho para o solo do Sabbat
Com sua brilhante luz lunar;
Convocamo-la para que seja una conosco,
como unos a chamamos para perto de nós;
Carrega-nos com teu amor e com sua sorte
E abençoa-nos com seu suspiro.
Embora sejamos homens mortais,
Que dançam a antiga ciranda,
Rogamos que para nós se apresente
E que sobre nós recaia seu Amor Lunar.

Invocação Preliminar da Lua Cheia

Adorável Diana, Deusa do Arco-Íris,
Das Estrelas e da Lua;
A Rainha mais poderosa dos caçadores e da noite;
Pedimos sua ajuda, para que possamos ter
a melhor fortuna em nossos ritos!

A Diana

Amável Deusa do arco!
Amável Deusa das flechas!
De todos os cães de caça e de toda caçada
Tu que acordas no estrelado céu
Quando o Sol está mergulhado em torpor;
Tu com a Lua na testa,
Que preferes a caçada à noite à emprendida à luz do dia,
Com tuas ninfas ao som da trompa –
Tu mesma, a caçadora, a mais poderosa;
Rogo a ti que penses, um instante que seja,
Em nós que a ti dirigimos nossas preces!

Invocação a Ísis

Ísis da Lua,
Tu que és tudo que sempre foi,
E tudo que é,
E tudo que há de ser:
Vem, velada Rainha da Noite!
Vem com o odor do lótus sagrado, carregando nosso Círculo
Com amor e magia.
Faz-te presente em nosso Círculo
Nesta mais mágica das noites!

Invocação de Cura a Ísis

Possa Ísis curar _____ tal como curou Hórus de todas
as feridas que por Set lhe foram infligidas,
que matou seu pai Osíris. Ó Ísis,
grande maga, cure _____, e livre-o de
todos os males, de tudo que é mal, e de todas as coisas tifônicas, e de toda
espécie de doença fatal, e das doenças por demônios causadas,
e da impureza de todas as formas,
assim como fizeste com teu filho Hórus.

Evocação de Hécate

Ó Noite, fiel preservadora de mistérios,
E vós, estrelas brilhantes, cujos feixes dourados com a
Lua sucedem-se aos fogos do dia; a tripla
Hécate, que conhece nossas empreitadas e vem
em nosso auxílio quando feitiços e artes wiccanos usamos;
Pedimos a ti que se faça presente enquanto realizamos este trabalho
De retribuição em teu nome.
Abençoada Hécate, esteja conosco aqui e agora!

Prece

Pai Todo-Poderoso de todos nós,
Senhor da Morte e do Renascimento;
Senhor da Terra e das montanhas,
Senhor das feras selvagens e livres;
Encha-me com seu Amor Ilimitado!
Guia-me em tudo que faço, penso e tento fazer
Durante este Círculo. Abençoado seja!

Chamado a Pã

Ó Grande Deus Pã, retorne à Terra novamente;
Atenda ao meu chamado, e faça-se aos homens presente.
Pastor de bodes, no caminho da colina selvagem,
Conduzi teu rebanho perdido da escuridão até a luz do dia.
Esquecidos estão os caminhos do sonho e da noite;
Buscam os homens por eles, cujos olhos perderam a luz.
Abre a porta, a porta que chave não tem –
A porta dos sonhos por meio da qual os homens a ti veem.
Pastor dos bodes, ah, responda para mim!

Invocação a Pã

Ó Grande Deus, Pai do homem,
Pastor de bodes e Senhor da Terra,
Convocamos-lhe para que se faça presente em nossos ritos
Nesta que é a mais mágica das noites.
Deus do Vinho, Deus da Vinha,
Deus do Gado e Deus das vacas;
Esteja presente em nosso Círculo com seu amor
E envie suas bênçãos protetoras de acima.
A Curar ajude-nos; Ajude-nos a Sentir;
Ajude-nos a trazer amor e prosperidade.
Pã das florestas, Pã das clareiras das selvas,
Esteja conosco enquanto nossa mágica é feita!

Evocação de Pã

Ó Deus risonho das florestas vicejantes,
Com suas flautas e cascos como os de bode, o animal,
Pastor de criaturas selvagens e livres, em seu meio natural,
Junte-se aqui, a nós, e com sua calidez,
Que a vida seja renascida mais uma vez!

Cântico de Encerramento

Que alegres se reúnam,
Alegres se separem,
E alegres se reúnam novamente!

Ritos e Saber

Na Wicca não há apenas um, mas sim diversos conjuntos de normas, tendo a mais famosa delas sido publicada em várias formas diferentes, com origem no que hoje é conhecido como Wicca Gardneriana.* Há muitas outras versões, e alguns covens criam seus próprios conjuntos de leis para serem usados por seus membros. A base de todas as normas wiccanas tem um conceito fundamental: não causar mal a ninguém.

As leis tradicionais da Wicca podem ser agrupadas em categorias específicas para propósitos de estudos. Analisá-las e conhecê-las deve, prontamente, prover tudo de que você necessita para escrever ou adaptar um conjunto de leis para sua tradição.

Excerto extraído de *Vivendo a Wicca: Guia Avançado para o Praticante Solitário*, de Scott Cunningham

Maldição

A quem quer que revele os segredos da Arte, tais como estão contidos neste Livro:

Que a Terrível Maldição da Deusa recaia sobre seus olhos;
Que a Terrível Maldição da Deusa recaia sobre seus ouvidos;
Que a Terrível Maldição da Deusa recaia sobre sua boca;
Que a Terrível Maldição da Deusa recaia sobre seu coração;
Que a Terrível Maldição da Deusa visite, à noite, aquele que violou o Juramento:
Pois tal Traição enviou milhões de wiccanos à Estaca e ao Laço de Morte.
Você assumiu o Juramento:
Mantenha a palavra em seu coração!
Que assim seja!

---

* Para ler uma visão fascinante sobre as possíveis origens dessas leis, ver *Witchcraft for Tomorrow* [Bruxaria para o Amanhã], de Doreen Valiente.

Treze Metas de uma Bruxa

I. Conheça a si mesmo.
II. Conheça a Arte.
III. Aprenda.
IV. Aplique o que aprendeu.
V. Atinja o equilíbrio.
VI. Resista às tentações.
VII. Mantenha seus pensamentos organizados.
VIII. Celebre a vida.
IX. Entre em harmonia com os ciclos do universo.
X. Respire e alimente-se corretamente.
XI. Exercite tanto a mente quanto o corpo.
XII. Medite.
XIII. Honre e adore Diana e Cernunnos.

A Lei do Poder

1. O Poder não deve ser usado para causar o mal, nem para ferir. No entanto, se a necessidade surgir, o Poder deverá ser usado para proteger a vida de alguém, ou o coven, ou a Wicca.
2. O Poder deve ser usado apenas conforme ditado pela necessidade. É aceitável trabalhar para seu próprio ganho, contanto que não prejudique ninguém.
3. Não aceite ouro em troca de fazer uso do Poder, pois o ouro rapidamente controla quem o tomar. Não seja como os padres da nova religião.
4. Não use o Poder para enaltecer o orgulho próprio, pois isso enfraquece os grandes mistérios da Wicca.
5. Tenha sempre em mente que o Poder é o dom sagrado dos deuses, e nunca deve ser mal usado e nem dele se deve abusar. E do Poder, esta é a Lei.

O Caminho do Poder

1. Meditação ou concentração. Na prática, significa formar uma imagem mental do que se deseja e forçar-se a ver tal desejo realizado, com crença e conhecimento absolutos de que realmente o será. Isso é chamado de "Intenção", e é de grande importância na magia.
2. Transe e projeção do Espírito, chamados "projeção astral". Tenha cuidado com transes e projeção astral. Usados com sabedoria, podem ser de grande benefício.
3. Ritos, cânticos, feitiços, runas, amuletos, ervas. Quanto aos feitiços, as palavras exatas importam pouco se a intenção for clara, e se você fizer surgir poder verdadeiro e suficiente para tal. Sempre em rima eles aparecem, mas há algo de estranho em relação às rimas. Eu tentei, e o mesmo feitiço parece perder o poder se você errar a rima. Além disso, na rima as palavras parecem falar por si, você não tem de parar e pensar: o que vem depois? Fazer isso tira muita de sua intenção.
4. Incenso, drogas, vinhos, o que quer que seja usado para liberar o Espírito. Tome muito cuidado com isso. O incenso, em geral, é inofensivo, mas, às vezes, contém ingredientes perigosos, como o cânhamo, por exemplo. Se você sentir quaisquer efeitos colaterais ruins, reduza a quantia utilizada ou o tempo de inalação. Drogas são perigosas se utilizadas em excesso. No entanto, muitas são totalmente inofensivas, embora as pessoas falem mal delas. Tome cuidado ao ingerir cogumelos (*Amanita muscaria* – com chapéu vermelho e manchas brancas). O cânhamo é especialmente perigoso, pois destrava o olho interno rapidamente e com facilidade, podendo induzir ao desejo de utilizá-lo cada vez mais. Faça-o com precaução, observando se o usuário é capaz de controlar seu suprimento. O khat tem quase o mesmo efeito, mas é difícil obtê-lo fresco. Caso qualquer droga levemente perigosa for utilizada, deve ser distribuída em pequena quantidade por algum responsável e o suprimento deve ser estritamente limitado. [Ver a observação da editora, na p. 5, sobre a declaração de cuidados a serem tomados.]
5. Dança e práticas similares. A ciranda dentro do Círculo de Pedras gera poder físico bruto, e é um método fácil de fazer emanar energia. Danças particulares também podem fazê-lo, mas não

com tamanha rapidez; assim, a concentração é mais adequada à prática solitária.
6. Controle da respiração, posturas corporais. O controle da respiração é um modo excelente de obter energia extra, especialmente quando combinado com a concentração. A respiração tem sua velocidade lentamente aumentada até que o poder seja liberado. O modo oposto, diminuir o ritmo da respiração, possibilita que a pessoa entre em estado de meditação, profundo relaxamento e projeção astral.
7. Sexo. O ato sexual gera imensa quantidade de poder; no entanto, é difícil ter controle sem intensa concentração e muita prática. Se desejar obter mais informações sobre a magia sexual, pergunte a respeito à sua Alta Sacerdotisa ou ao seu Alto Sacerdote.

O aspecto mais importante da magia é a realização do intento. Você deve saber que pode e vai ser bem-sucedido, o que é essencial em todas as operações mágicas.

Também deve ficar livre de toda forma de interrupções, ou do medo mental de interrupção, enquanto estiver operando a magia. Se estiver ao ar livre, encontre o local mais recluso e mais distante; se for feito em ambiente interno, feche todas as entradas rapidamente.

E sempre se lembre de observar a Lua, pois atos construtivos são realizados durante o período da Lua Crescente, ao passo que atos destrutivos são mais bem realizados durante o período da Lua Minguante.

Iniciação

Muito foi feito, em público ou em cerimônia particular, para iniciações wiccanas. Cada tradição wiccana usa suas próprias cerimônias de iniciação, que podem ou não ser reconhecidas por outros wiccanos. Em um ponto, contudo, a maior parte dos iniciados concorda: uma pessoa pode ser wiccana somente se ela tiver recebido tal iniciação.

Isso levanta uma pergunta interessante: Quem iniciou o primeiro wiccano?

A maior parte das cerimônias de iniciação não passam de ritos que marcam a aceitação da pessoa em um coven, e a dedicação dela à Deusa e ao Deus. Às vezes, o poder é "transferido" daquele que realiza a iniciação para o neófito.

Para um não wiccano, a iniciação pode parecer um rito de conversão. Não é o caso. A Wicca não tem necessidade de tais ritos. Nós não condenamos as deidades com as quais entramos em harmonia antes de praticarmos a Wicca, nem precisamos virar as costas para elas.

A cerimônia de iniciação (ou cerimônias, visto que em muitos grupos três ritos sucessivos são realizados) é considerada de suprema importância para grupos wiccanos que praticam o ritual em segredo. Certamente, alguém que esteja entrando em um grupo como esse deve passar por uma iniciação, parte da qual consiste em fazer um juramento de nunca revelar seus segredos, o que faz sentido, e faz parte da iniciação em muitos covens. No entanto, não é essa a essência da iniciação.

Muitas pessoas me disseram que precisam desesperadamente passar pela iniciação wiccana. Parecem acreditar que não se pode praticar Wicca sem o "selo" da aprovação. Se você já leu até aqui, sabe que não é bem assim.

A Wicca foi, até a década passada, mais ou menos, uma religião fechada, mas não é mais. Os componentes internos da Wicca estão disponíveis a qualquer um que conseguir ler e entender o material. Os únicos segredos da Wicca são suas formas individuais de rituais, feitiços, nomes de deidades, etc.

O que não precisa incomodá-lo. Para cada ritual wiccano secreto ou nome secreto da Deusa há dezenas (se não centenas) de outros publicados e prontamente disponíveis. Neste momento, mais informações wiccanas estão sendo liberadas; algo que jamais havia sido feito antes. Embora tenha sido uma religião secreta, hoje em dia, a Wicca é uma religião com poucos segredos.

Ainda assim, muitos se agarram à ideia da necessidade da iniciação, provavelmente pensando que, com tal ato mágico, hão de ser a eles concedidos os segredos do universo e o poder não revelado. Para piorar as coisas, alguns wiccanos de mentes bem fechadas dizem que a Deusa e o Deus não irão ouvir ninguém que não seja um membro de um coven, portando um athame. Muitos que gostariam de ser wiccanos acreditam nisso.

Não é assim que as coisas funcionam.

A verdadeira iniciação não é um rito realizado por um ser humano com o outro. Até mesmo se for aceitar o conceito de que o iniciador está imbuído do poder da deidade durante a iniciação, ainda assim, trata-se apenas de um ritual.

A iniciação é um processo, gradual ou instantâneo, de harmonia do indivíduo com a Deusa e com o Deus. Muitos da Wicca admitem prontamente que o ritual de iniciação é uma formalidade externa somente. A verdadeira iniciação, com frequência, ocorrerá semanas ou meses depois, ou antes, do ritual físico.

Excerto extraído de *Guia Essencial da Bruxa Solitária*, de Scott Cunningham

Admissão

Lance o Círculo.
Convoque o poder da Lua.
Dance a ciranda.

(O Candidato está vestindo um manto, de olhos vendados, em pé, ao Norte, do lado de fora do Círculo. O Alto Sacerdote ou a Alta Sacerdotisa ergue o athame e pressiona-o de encontro ao peito do candidato.)

"Você, que aqui está em busca de sabedoria e amor, está suspenso entre a vida e a morte. Você, que está aqui em busca de sabedoria e amor, deve proferir as senhas para entrar no Círculo de Pedras que se encontra no limiar, entre o reino familiar da humanidade e os domínios desconhecidos dos deuses. Você tem as senhas?"

Candidato: "Tenho".

"Então, você mesmo, diga-as."

Candidato: "Amor e Confiança".

"Por tais palavras possa você conduzir sua vida, e com elas entrar em nosso Círculo de Pedras."

(O athame é retirado do peito do candidato e colocado no altar. O candidato é beijado e conduzido para dentro do Círculo.)

"Agora, a Apresentação."

(O candidato é conduzido até as quatro direções, com a seguinte invocação:)

"Espírito da Pedra do Norte, _____ está devidamente preparado e será admitido na Wicca."

(Repita isso para cada uma das direções, declarando o nome mundano daquele que busca ser um wiccano. Em seguida, ao Norte do Círculo, diga o seguinte:)

"Em eras passadas, quando a Wicca era perseguida pelos caçadores de bruxas e magistrados, e ficávamos em perigo eterno, houve suplícios que todos os da Wicca tiveram de aguentar. Essa experiência provou sua lealdade, força e dedicação à Wicca, assim como seu desejo de entrar em nosso clã. Nos dias atuais, nestes tempos mais felizes, isso não mais é necessário, mas tenha sempre em mente que a chama da perseguição pode voltar a ser acesa sem nenhum aviso-prévio, a qualquer momento. Por ter entrado no Círculo de Pedras com Amor e Confiança, aceitaremos isso como símbolo de sua sinceridade. Está disposto a jurar sua lealdade à Wicca, mesmo que isso signifique custar sua vida?"

Candidato: "Estou".

"E escolheu um novo nome?"

Candidato: "Escolhi".

"Então repita depois de mim enquanto digo" (o Alto Sacerdote ou a Alta Sacerdotisa profere o juramento e o candidato faz o mesmo em seguida, frase por frase, e insere neste seu próprio nome na Arte):

"Eu, _____, que me encontro no entremundos, e à vista dos deuses, faço, por minha própria e livre vontade, este juramento de que hei de guardar e garantir a segurança dos segredos da Wicca, exceto quando o for a uma pessoa devidamente preparada, dentro de um Círculo, tal como este em que agora estou. Faço esse juramento por minhas vidas passadas e futuras, e possam minhas armas contra mim se voltar, se este solene juramento eu quebrar!"

(Remova a venda dos olhos do candidato após o juramento.)

O Alto Sacerdote ou a Alta Sacerdotisa levanta a tigela que contém o óleo de admissão e desenha um crescente na testa do candidato, dizendo:

"Abençoo-o com o sinal da primeira admissão, Sacerdote [Sacerdotisa] e bruxo(a)!"

(O candidato agora é um(a) Bruxo(a).)

Os cordões são removidos. O Alto Sacerdote ou a Alta Sacerdotisa coloca a mão de Poder na coroa da cabeça do(a) novo(a) bruxo(a) e diz:

"Desejo a você todo meu poder."

(O(a) novo(a) bruxo(a) é apresentado aos Quatro Portais:)

"Espírito da Pedra do Norte, _____ é agora um Sacerdote [uma Sacerdotisa] e um(a) bruxo(a). Para que possas partir para teu reino de amor, dizemos: salve e adeus, salve e adeus!"

Bolos e Vinho.

Dança e banquete, e apresentação do(s) presente(s) de admissão.

Segunda Admissão

Crie o Círculo de Pedras.

(O(a) bruxo(a) está vestindo um manto, de olhos vendados, em pé, do lado de fora do Círculo. O Alto Sacerdote ou a Alta Sacerdotisa vem perante o(a) bruxo(a) e diz:)

"Você que é uma irmã (um irmão) da Wicca provou ser digna(o) da admissão no segundo nível. Está aqui, próximo ao Círculo de Pedras. O caminho está livre para você entrar, se assim ainda o desejar. Você busca obter o posto de Alto Sacerdote [Alta Sacerdotisa]?"

Candidato: "Sim".

"Então seja admitida(o) por meio de minha mão ao Círculo de Pedras."

(O Alto Sacerdote ou a Alta Sacerdotisa conduz a(o) bruxa(o) para dentro do Círculo, em torno dos Quatro Portais, e, por fim, parando perante o altar, o Alto Sacerdote ou a Alta Sacerdotisa levanta um espelho em frente da(o) bruxa(o) e remove a venda de seus olhos, dizendo:)

"Contemple o(a) Deus(a)!"

(O candidato vê sua própria imagem no vidro.) "Tal é o mistério da Wicca."

(O espelho é colocado no lado Leste do altar.)

"A qualidade de Alto Sacerdote ou de Alta Sacerdotisa é uma imensa responsabilidade, que requer muita fé e conhecimento da Wicca. Os segredos da Wicca estarão nas pontas de seus dedos; há de ter poder e influência. Em seu coven, será chamado para acertar justamente disputas, esclarecer dúvidas daqueles que estudam e iniciar candidatos na Wicca. Tudo isso você deve fazer com amor e confiança; amor e confiança devem guiar totalmente sua vida, e por mais que possa vir a se sentir tentado(a), nunca se afaste do caminho da sabedoria, pois a morte toca aqueles que o fazem. Agora, depois de todos esses avisos, ainda deseja obter a qualidade de Alto Sacerdote [Alta Sacerdotisa]?"

Candidato: "Desejo".

"Então faça o juramento."

(O Alto Sacerdote ou a Alta Sacerdotisa profere o juramento e o(a) bruxo(a) faz o mesmo em seguida, frase por frase:)

"Eu, _____, juro que hei de agir como um veículo da Deusa; que hei de nutrir o crescimento tanto da Wicca quanto das almas que a mim vêm; que hei de governar meu coven com amor e confiança e que nunca hei de trair ninguém da Wicca com aqueles que não o são, nem hei de trair a confiança que meu[minha] Alto Sacerdote [Alta Sacerdotisa] tem em mim. Faço tal juramento por minhas vidas passadas e futuras, e possam minhas armas contra mim se voltar se este solene juramento eu quebrar!"

(O Alto Sacerdote ou a Alta Sacerdotisa levanta a tigela que contém o óleo de admissão e unta a testa do(a) bruxo(a), formando um pentagrama e dizendo:)

"Abençoo-o com o sinal do segundo nível, Alto Sacerdote [Alta Sacerdotisa] e bruxo(a)!"

(O candidato é agora um[a] Alto Sacerdote[Alta Sacerdotisa]. Recebe um beijo em celebração.)

O Círculo de Pedras é desfeito.

Bolos e Vinho, seguem-se banquete e alegria.

Terceiro Nível de Admissão: A Entrada no Coven

(Juntos, o Alto Sacerdote e a Alta Sacerdotisa formam o Círculo de Pedras, operando em harmonia, em sinal simbólico de sua futura vida juntos na Arte. Quando terminam, ficam parados, em pé, em frente do altar, com a Alta Sacerdotisa à esquerda, e invocam os deuses da seguinte forma:)

"Em nome de Dryghtyn, a antiga providência, que desde o princípio foi, e por toda a eternidade será masculino e feminino, a fonte original de todas as coisas: com sabedoria infinita, ubíqua, toda-poderosa, imutável, eterna. Em nome da Senhora da Lua, Diana, e de nosso Senhor do Sol, Cernunnos, abençoem a formação de nosso coven para que ele possa disseminar o crescimento e garantir a sobrevivência da Wicca. Ajudem na formação de nosso coven em uma reunião de amor e confiança, que possam ser apropriados conforme sua visão. Abençoados sejam, Ó Grandiosos, Benditos sejam!"

A Alta Sacerdotisa e o Alto Sacerdote beijam-se. A Alta Sacerdotisa traça o sinal do terceiro nível na testa do Alto Sacerdote, e, então, este faz o mesmo na Alta Sacerdotisa, com o óleo de admissão.

A Alta Sacerdotisa em seguida ergue seu athame sobre o altar. O Alto Sacerdote toca com a ponta de seu athame por sob aquele da Alta Sacerdotisa e eles permanecem, visualizando suas forças e energias mesclando-se.

A seguir, trocam os athames e seguram-nos junto aos seus corações durante 13 batidas destes, então os devolvem a seus donos.

Eles dizem:

"Assim tem início o novo coven de _____ e _____.

Ficará conhecido como o coven de _____ e há, doravante, de ser conhecido como o Coven de _____ em todos os planos e em todos os espaços. Diana e Cernunnos, em amor e confiança, assim é este coven estabelecido."

A Alta Sacerdotisa e o Alto Sacerdote, agora, sentam-se e discutem as questões pertinentes ao seu futuro coven. Quando tudo tiver sido arranjado de acordo com as ideias de ambos, cortam o Círculo e o ritual será encerrado.

Handfasting
[Casamento Espiritual em Caráter Temporário ou Permanente]

O *covenstead* é decorado com flores e frutas. Entre outras flores, uma coroa adorna o altar.

Forme o Círculo de Pedras.

O casal, vestido com belos mantos, ajoelha-se. A mulher permanece à esquerda. O Alto Sacerdote faz a invocação:

> *Ó Mãe do amor,*
> *Que é chamada de Vênus, Ishtar, Habondia.*
> *Afrodite, Ísis, Cerridwen: estendeis vossa mão de*
> *proteção a esta filha e este filho do homem.*
> *Afastais deles o mal e confundis aqueles que*
> *blasfêmias lançariam contra a verdadeira luz de sua sabedoria.*

O casal permanece em pé e, de acordo com seu nível, é ungido na testa com o óleo do *handfasting*.

O casal ajoelha-se novamente e o Alto Sacerdote os aborda:

> *Saibam que é pelo destino que vocês são unidos,*
> *enquanto o amor durar. Em vão, contra as estrelas pregam os*
> *monges*
> *e padres; o que há de ser, será.*
> *Por isso, tenham esperança e alegria, ó filhos do tempo.*
> *E agora, enquanto uno suas mãos, uno suas almas em casamento.*

O Alto Sacerdote consagra a coroa com a Terra, o Ar, o Fogo e a Água e passa-a sobre a cabeça do homem e, depois, sobre a cabeça da mulher, deixando-a ali.

O Alto Sacerdote ergue sua mão esquerda sobre o casal, levanta a direita e diz:

> *Que Dryghtyn, os Espíritos das Pedras e o poderoso Deus, Cernunnos,*
> *e a gentil Deusa Diana, testemunhem a união em casamento destes jovens corações.*
> *Ó Círculo de Pedras e altar de poder, testemunhem a união em casamento*
> *destes jovens corações.*
> *Ó Sol e Lua, testemunhem a união em casamento destes jovens corações.*
> *Embora as formas estejam divididas, possam suas almas ficar reunidas,*
> *Tristeza com tristeza, alegria com alegria.*
> *E quando, enfim, noiva e noivo forem unos,*
> *Ó Estrelas, que as inquietações com as quais são carregados tenham seu fardo exaurido; possam não mais molestar,*
> *e sem malícia perturbar; mas no leito do casamento, brilhem em paz, ó Estrelas.*

Agora o casal faz o juramento, um de cada vez:

> *Aos olhos de Dryghtyn, a Antiga Providência,*
> *e de Diana e de Cernunnos,*
> *entre o familiar reino da humanidade*
> *e os desconhecidos alcances dos domínios do Deus,*
> *e cercados pelos Espíritos das Pedras,*
> *Pego tua mão ao pôr do Sol,*
> *quando as Estrelas se erguem no céu.*

O casal salta sobre a vassoura. Ajoelham-se, enquanto a Alta Sacerdotisa varre para fora todas as influências malignas, deixando-as para trás, e para fora do Círculo, em direção ao Sul.

Liberar o Círculo.

Bolos e Vinho.

Dança, banquete, muita, muita alegria.

Observação: O verdadeiro *handfasting* pode ser feito ou pela Alta Sacerdotisa ou pelo Alto Sacerdote. Entre os alimentos, pela tradição, estão laticínios, frutas e flores.

Receitas para o Banquete

Alimento é magia. Seu poder sobre nós é inquestionável. Do tentador, doce e suculento brownie saído do forno até uma alcachofra soberbamente cozida a vapor, os alimentos continuam a nos seduzir.

Alimento é vida. Não podemos viver sem sua magia. Contudo, os alimentos também abrigam energias. Quando comemos, nossos corpos absorvem tais energias, tanto quanto absorvem vitaminas, minerais, aminoácidos, carboidratos e outros nutrientes. Embora possamos não ter ciência de qualquer efeito que não seja o de um apetite saciado, o alimento nos transforma de modo sutil.

Em momentos de escassez, tanto quanto em épocas de plenitude, em todo o mundo, pessoas utilizam alimentos em reverências religiosas. Arroz na Ásia, frutos em toda a Europa, grãos na África, romãs e cerveja no Oriente Médio, bolotas e pinhão no Sudeste da América, bananas e cocos no Pacífico, vegetais na América tropical – todos esses alimentos desempenharam papéis significativos em rituais religiosos e mágicos.

Refeições sagradas são compartilhadas com Deusas e Deuses (ou suas sacerdotisas e seus sacerdotes). Nos dias atuais, comer junto com outros ainda é um ato de compartilhamento de energia, ligação e confiança.

A magia da caça e a santidade dos rituais de encontro nos campos e bosques ainda são lembrados isoladamente por algumas pessoas. A maior parte de nós, todavia, compra pão previamente fatiado, coleta frutas e vegetais em balcões reluzentes e faz a caça em geladeiras.

Conforme fomos perdendo o conhecimento das magias antigas, também nos esquecemos do saber místico dos alimentos. No entanto, energias atemporais ainda vibram em nossas refeições, esperando que as sintamos e usemos. Longos feitiços mágicos não são necessários, embora um ritual simples o seja, para potencializar a eficácia dos alimentos.

O ato de comer é uma fusão com a terra. É um ato de afirmação da vida. Preparar e comer alimentos específicos ritualmente é um método eficaz de intensificar e melhorar nossas vidas.

Excerto extraído de *Enciclopédia de Wicca na Cozinha*, de Scott Cunningham

Vinho do Sabbat de Inverno

1 garrafa de vinho tinto grande ou 3 pequenas
3 laranjas
3 colheres de sopa de cravos-da-índia inteiros
Noz-moscada moída
3 pedaços de canela em pau
1 taça de *brandy*
1 taça de cidra de maçã

Despeje o vinho em um recipiente não metálico, resistente ao calor. Lave bem as laranjas. Corte duas delas em fatias finas e acrescente-as ao vinho. Salpique noz-moscada moída no vinho tinto e, em seguida, acrescente o restante dos ingredientes. Aqueça-os lentamente, mas não os deixe ferver. Sirva em noites com ventos fortes depois dos Sabbats de Inverno.

Vinho do Sabbat de Verão

1 garrafa de vinho branco grande ou 3 pequenas
Frutas da estação (melão, frutas cítricas, bagas, cerejas, abacaxi, damascos, peras, etc.)
Pétalas de rosa, frescas
1 limão
1 taça de suco de toranja

Despeje o vinho no recipiente. Corte as frutas em pedacinhos (cerca de uma xícara mais ou menos, de acordo com o gosto e a disponibilidade delas) e acrescente-as ao vinho. Deixe descansar por uma noite. Antes do ritual, corte o limão em fatias, esfregando em cada uma delas (opcionalmente) coco recém-ralado, e acrescente ao vinho. Despeje o suco de toranja e, por fim, coloque pétalas de rosa para que flutuem na mistura. Sirva bem gelado.

Vinho de Beltane

3 garrafas de vinho branco seco, gelado
Um punhado de aspérula recém-colhida
Morangos a gosto

Despeje o vinho em um recipiente não metálico. Retalhe a aspérula com as mãos e acrescente-a ao vinho. Cubra a mistura com um pano e deixe-a em infusão da noite para o dia em um local fresco.

Pela manhã, filtre a mistura em gaze de algodão e coloque o líquido de volta no recipiente. Diretamente antes do ritual, acrescente os morangos fatiados. Leve à geladeira e só retire pouco antes do banquete, para que ainda esteja gelado.

```
               BELTANE WINE

3 bottles chilled dry white wine
handful fresh woodruff
1 pint woodruff strawberries

Pour wine into non-metallic bowl.  Shred the woodruff
through your hands and add to the wine.  Cover with
cloth and let steep overnight in a cool place.
In the morning, strain through  cheesecloth and return
to bowl.  Directly before the ritual add sliced straw-
berries.  Chill and remove just before the feast so
that it will be cold.
```

Ponche Aquecedor para o Samhain

1 abóbora
Cidra de maçã
Suco de oxicoco
Ginger ale [bebida não alcoólica de gengibre]
Rum
Uvas-passas

Retire o topo da abóbora, remova suas sementes e coloque-as de lado. Despeje partes iguais dos líquidos de modo a encher a abóbora; logo antes do banquete, remova-os e aqueça-os até quase atingirem o ponto de fervura. Despeje-os de volta dentro da abóbora, acrescente um punhado de uvas-passas e se ocupe dos preparativos para que os membros do coven desfrutem o banquete.

Lave e, em seguida, seque e torre levemente as sementes da abóbora no forno. Coma-as com sal!

Bebida Quente de Cidra com Especiarias

2 quartos de cidra de maçã
7 pedaços de canela em pau
1 laranja inteira
Cravos-da-índia
Noz-moscada
1 taça de hidromel (opcional)

Aqueça a cidra em uma panela não metálica; acrescente canela em pau. Deixe descansar em fogo baixo, em infusão. Enquanto isso, espete os cravos na laranja. Acrescente a laranja com cravos à cidra e polvilhe sobre a mistura cerca de 1 colher de chá de noz-moscada. Pode-se acrescentar hidromel, se assim o desejar. Servir enquanto estiver aquecido, mas não quente demais. Perfeita para todos os Sabbats de outono e de inverno.

Hidromel Suave

Para preparar uma pequena quantia de hidromel não alcoólico, pegue um quarto de água da fonte, uma xícara de mel, um limão cortado em fatias e meia colher de chá de noz-moscada. Ferva-os em um pote não metálico, removendo a crosta, enquanto for se formando, com uma colher de madeira. Acrescente uma pitada de sal e suco de meio limão à mistura. Filtre e deixe resfriar. Pode ser bebido no lugar do hidromel alcoólico, do vinho, etc.

Substitutos

Outros líquidos a serem servidos no lugar do vinho dentro do Círculo:

Sabbats: suco de maçã, suco de uva, suco de toranja, suco de laranja, suco de abacaxi, chá oriental.

Celebrações de Lua Cheia: limonada, suco de damasco, chá de hortelã, néctar de manga, leite.

Quaisquer bons chás de ervas também podem ser usados. Bebidas alcoólicas devem ser usadas com moderação, pois a refeição é feita na presença dos Deuses!

Bolos do Crescente (ou da Lua Crescente)

(Celebrações de Lua Cheia, Sabbats)

1 xícara de amêndoas, em grãos fininhos
1¼ de xícara de farinha
¼ de xícara de açúcar de confeiteiro
½ xícara de manteiga
1 gema de ovo

Combine amêndoas, farinha e açúcar. Mexa a manteiga e a gema com as mãos até que estejam bem misturadas. Resfrie a mistura. Retire pedaços da massa do tamanho de nozes, modelando-as na forma de luas crescentes. Coloque-as em formas untadas e leve-as ao forno a 160ºC durante cerca de 20 minutos.

Bolos de Sabbats

(Sirva nos Sabbats)

3 colheres de chá de mel
⅓ de xícara de gordura vegetal
½ xícara de açúcar mascavo
¼ de xícara de suco de maçã
1 colher de sopa de vinho branco
1½ xícara de farinha integral
1⅓ xícara de aveia
¼ de colher de chá de bicarbonato de sódio
½ colher de chá de sal
½ colher de chá de pimenta-da-jamaica

Misture o mel, a gordura vegetal, o açúcar, o sumo da maçã e o vinho. Acrescente o restante dos ingredientes e misture bem. Forme uma massa e modele no formato de bola. Deixe descansar. Em seguida, abra a massa com um rolo deixando-a com a espessura de cerca de 0,5 cm. Recorte nela vários biscoitos em forma de lua crescente. Coloque-os em uma forma untada e leve-os ao forno a 180°C durante 15 minutos ou até que atinjam a cor marrom dourada.

Bolo de Cidra

(Samhain, Yule)

3 xícaras de farinha peneirada
½ colher de chá de bicarbonato de sódio
½ colher de chá de noz-moscada ralada
½ xícara de manteiga suave
1½ xícara de açúcar
2 ovos, bem batidos
½ xícara de cidra
Forno: 180°C

Em uma tigela, peneire junto a farinha, o bicarbonato de sódio e a noz-moscada. Reserve.

Em outra tigela maior, bata, ao mesmo tempo, a manteiga e o açúcar. Acrescente os ovos e bata bem. Então, adicione alternadamente a farinha da mistura e a cidra, começando e finalizando com a farinha.

Coloque a mistura em uma forma média untada. Em seguida, leve ao forno previamente aquecido. Asse por uma hora ou teste com um palito de madeira, introduzindo-o no centro da massa. Quando o palito sair seco, sem resquício da massa, o bolo estará pronto.

Torta de Maçã com Cardamomo

(Samhain, Yule)

Massa crua para 2 tortas folhadas de 23 cm
5 xícaras de maçãs bem ácidas fatiadas
¾ de xícara de açúcar mascavo (ou substitua-o por um pouco menos de uma xícara de mel)
2 colheres de sopa de manteiga
1 colher de chá de semente de cardamomo moída
¾ de colher de chá de extrato puro de baunilha

Encha uma forma circular com metade da massa crua; arranje por cima camadas de fatias de maçã, polvilhando entre elas o açúcar mascavo ou mel. Salpique a manteiga, o cardamomo e a baunilha. Cubra com o restante da massa crua, fechando e arrumando as bordas. Desenhe, riscando sobre a massa, com a ponta de uma faca, o símbolo de Vênus (♀).

Leve ao forno previamente aquecido a 200°C por 10 minutos; diminua a temperatura do forno para 180°C e continue a assar por mais 30 a 35 minutos, ou até que a crosta esteja levemente dourada.

```
           CARDAMOM APPLE PIE

              (Samhain, Yule)

   Unbaked pastry for 9-inch 2-crush pie
   5 cups sliced tart apples
   1/4 cup brown sugar (substitute slightly less than ¼ cup hoı
   2 tablespoons butter
   1 teaspoon ground cardamom seed
   3/4 teaspoon pure vanilla extract

   Line 9-inch pie plate with half of pastry; arrange apple-
   slices in pastry, sprinkling with brown sugar or honey
   between laywers.  Dot with butter.  Add cardamom and
   vanilla.  Roll remaining pastry in circle; place pastry
   circle over apples; seal and flute edges.  Make slits
   into top of pastry: (sign of Venus)

   Bake in preheated hot oven (400°F.) 10 minutes; reduce
   oven temperature to 350 and continue baking for 30
   to 35 minutes or until crust is lightly browned.
```

Pudim de Ovos com Calêndula

473 ml de leite
1 xícara de pétalas de calêndula
1 colher de chá de sal
3 colheres de sopa de açúcar
Um pedaço pequeno de fava de *Vanilla planifolia* (baunilha)*
3 gemas de ovos
⅛ de colher de chá de noz-moscada
⅛ de colher de chá de pimenta-da-jamaica
½ colher de chá de água de rosas

Macere as pétalas de calêndula com um socador, ou esmague com uma colher, e escalde com o leite e a fava de *Vanilla planifolia*. Retire a fava e acrescente, aos poucos, as gemas batidas, o sal e o açúcar misturados com as especiarias. Cozinhe até que a mistura crie uma casquinha na colher. Acrescente água de rosas e deixe resfriar. Dá uma boa cobertura para manjar branco. Também pode ser levada ao forno e transformada em pudim de ovos. Sirva com creme batido, acrescente água com sumo de laranja e enfeite com flores de calêndula.

```
              MARIGOLD CUSTARD


     1 pint milk
     1 cup marigold petals
     ¼ teaspoon salt
     3 tablespoons sugar
       small piece vanilla bean
     3 egg yolks
   1/8 teaspoon nutmeg
   1/8 teaspoon allspice
     ½ teaspoon rose water

    Pound marigold petals in a mortar, or crush them with
    a spoon, and scald with the milk and vanilla bean.
    Remove the vanilla bean, and add slightly beaten yolks
    of eggs, salt and sugar mixed with the spice. Cook
    until the mixture coats the spoon. Add rosewater and
    cool. This makes a good sauce for a blanc mange. It
    may be poured into a dish without cooking, and then baked
    like custard. Serve with beaten cream, and garnish
    with marigold blossoms.
                                    ↓
                                  add
                                  orange
                                  water
```

---

* N.T.: *Vanilla planifolia* é uma uma espécie de orquídea cujos frutos são largamente empregados na produção de baunilha.

Colcannon*

(Samhain)

4 batatas grandes ou 6 batatas médias
Água fria
1 colher de chá de sal
4 xícaras de repolho cortado em tiras bem finas
2 xícaras de água salgada fervente
1 xícara de leite morno
Sal e pimenta
4 colheres de sopa de manteiga derretida

Descasque as batatas removendo bem os olhos. Corte as batatas grandes em quatro partes ou as médias ao meio. Coloque-as em uma grande caçarola, cubra-as com água fria. Acrescente sal e deixe ferver. Diminua a chama e cozinhe durante cerca de 20 minutos ou até que fiquem macias ao toque do garfo. Retire a água. Cozinhe as batatas a vapor, em fogo bem baixo, colocando um pano de prato entre a caçarola e a tampa por 10 minutos.

Enquanto isso, cozinhe o repolho em água fervente com sal por 5 minutos. Retire a água e reserve.

Prepare um purê de batatas com leite morno. Tempere-o com sal e pimenta. Espete no purê as tiras de repolho, de forma a dar a impressão de uma pelugem verde clara. Coloque em uma travessa. Abra uma espécie de "clareira" no meio dele, despejando nesse espaço manteiga derretida. Sirva imediatamente. Esta porção dá para metade de um coven.

Geleia de Sorveira-brava**

(Rende cerca de 2 kg)

1 kg de sorveira-brava
½ kg de maçãs silvestres
1 litro de água (5 xícaras)
Açúcar granulado

Lave as bagas, separe as estragadas, retire e jogue fora o excesso de caules. Coloque as frutas em uma panela com as maçãs cortadas em

---

* N.T.: *Cál ceannan* (em inglês, *colcannon*) quer dizer, em irlandês, cabeça branca, sendo um prato típico dessa região, preparado basicamente com purê de batata e couve, podendo ter o acréscimo de outros ingredientes.
** N.T.: Em inglês, *Rowan*, nome às vezes usado em português, também, como "árvore de sorveira-brava"; em gaélico, "*caorann*" ou "*Rudha-an*" (*the red one* – a vermelha).

pedacinhos. Acrescente a água e, em seguida, cozinhe os frutos em fogo baixo até que fiquem macios – cerca de 30 minutos. Filtre o líquido usando um saquinho de gelatina escaldado e deixe-o descansar da noite para o dia para que seque – não esprema o saquinho para não ter como resultado uma gelatina turva.

No dia seguinte, meça a quantidade de líquido e acrescente ½ kg de açúcar a cada ½ l de suco, aproximadamente (2 xícaras para 2½ xícaras do líquido). Dissolva gradualmente o açúcar no xarope, depois leve ao fogo até o ponto de fervura – cerca de 15 minutos. Veja se está em boa consistência para ser servido colocando uma colherada em um prato e deixando resfriar. Toque a superfície com o dedo para testar o ponto. Se formar rugas, a geleia está pronta. Guarde em jarros transparentes, com tampas de boa vedação. Coloque etiquetas para identificar o conteúdo e armazene até que precise usá-la. Pode ser consumida durante todo o ano, servida especialmente junto com sopas grossas, cozidos e carne durante os meses escuros do ano (Samhain a Beltane).

Bolo de Samhain

São assados neste bolo amuletos que representam os deuses e a boa fortuna. Devem ser embrulhados com papel alumínio antes de serem adicionados à massa do bolo, podendo ser feitos de qualquer substância (não venenosa) desejada.

1 xícara de manteiga
1 xícara de açúcar
4 ovos médios
3 xícaras de farinha com levedura
Casca ralada de uma laranja
3 colheres de sopa de leite

Forma de metal de bolo, untada e forrada com papel vegetal.

Bata a manteiga até ficar macia, acrescente o açúcar e o creme, batendo-os juntos até que fiquem com uma consistência macia e fofa. Bata os ovos na mistura, um de cada vez, acrescentando um pouco de farinha peneirada, se a mistura começar a ficar líquida demais. Coloque, mexendo sempre, os amuletos dentro da mistura, embrulhados com cuidado, e a casca da laranja com o leite e toda a farinha restante para chegar a uma consistência macia, a ponto de "pingar". Vire a mistura na forma espalhando-a pelos lados, de forma que a camada no centro fique menos densa.

Leve ao forno a 180°C por 1h a 1h15 ou até que o bolo fique alto, marrom-dourado e ligeiramente solto das laterais da forma. Deixe esfriar.

Glacê

⅜ de uma xícara (6 colheres de sopa) de geleia de damasco (ou marmelada de laranja)
3¾ de xícaras de açúcar de confeiteiro
Suco de 1 laranja
Um pouco de corante laranja

Divida o bolo em duas camadas, espalhe nas partes separadas a geleia e depois junte as duas camadas novamente, como se fosse um sanduíche. Coloque o bolo em uma bandeja de metal. Misture o suco de laranja com o açúcar, acrescentando água morna se houver necessidade, para fazer uma cobertura de glacê espessa, que cubra a parte de trás de uma colher. Acrescente o corante laranja e despeje o glacê sobre o bolo, deixando cair pelas laterais. Deixe secar e decore.

Arroz com açafrão

Uma comida de Sabbat servida com batata-doce assada, brócolis com molho de alcaparra, pão de milho quente, maçãs quentes e frutas da estação e, é claro, presunto defumado levado ao forno na cidra (Yule).

1½ colher de sopa de manteiga
1½ colher de chá de açafrão (açafrão espanhol)*
2 colheres de chá de sal grosso
1½ xícara de arroz, cerca de 1,5 kg/2 kg **
1½ colher de sopa de vermute

Aqueça o vermute até alcançar a temperatura do sangue,*** acrescente açafrão e mexa. Em uma panela pesada, aqueça arroz, água e sal. Quando começar a ferver, acrescente a manteiga, para impedir que forme espuma e transborde. Conforme for fervendo, acrescente a mistura com o vermute. Mexa, cobrindo-a em seguida, e cozinhe em fogo baixo durante 15 minutos, ou até que o arroz tenha absorvido toda a água.

---

* 1 colher de chá de açafrão para uma xícara de arroz. Para alcançar o melhor potencial do corante, este, primeiramente, deve ser colocado em infusão em um banho alcoólico morno, não quente.
** Observação: este é um fragmento de receita. Por exemplo, não registra o quanto de água deve ser usada com o arroz. Siga as instruções do pacote do arroz que estiver usando, pois o cozimento depende do tipo de arroz.
*** N.T.: A temperatura do sangue no corpo humano varia entre 37 e 40 graus.

Bolo de Açafrão*

(Yule, Candlemas)

60 g de levedura
8 colheres de sopa de farinha
120 g de manteiga
60 g de açúcar
1 colher de sopa de frutas cristalizadas em pedaços
1 ovo
½ colher de chá de especiarias misturadas (opcional)
125 g (¼ de uma xícara) de água morna
1 pitada de sal
4 colheres de chá de açafrão em pó
3 colheres de sopa de uvas-passas sem sementes

Dissolva a levedura em água morna e misture 2 colheres de sopa de farinha. Mexa bem, cubra com um pano e deixe descansar por uma hora ou até dobrar de tamanho. Peneire o restante da farinha em uma bacia com o sal e os condimentos, se os estiver usando. Faça um creme com manteiga e açúcar, acrescente o ovo batido, o açafrão e uma colher de chá de água. Misture bem. Coloque o restante da farinha e acrescente à massa da levedura. Misture mais, acrescentando as uvas-passas e as frutas cristalizadas. Coloque em uma forma de metal e deixe descansar novamente por cerca de 2 horas. Leve ao forno moderado por 1h30.

---

* Este bolo pode ser preparado sem a levedura, usando em seu lugar uma colher de chá de fermento em pó e 2 ovos para os mesmos ingredientes listados. Pode ser preparado na forma de bolinhos, de acordo com os propósitos do coven. Caso vá usar fermento em pó, não deixe o bolo descansando.

O Banquete Simples

Erga a taça de vinho entre as mãos, voltada para o céu, e diga:

*Graciosa Deusa da Abundância,
Abençoa este vinho e infundi-o
com seu ilimitado amor.
Em nome da Mãe Deusa
e do Pai Deus,
abençoo este vinho.*

Erga a travessa com o bolo com ambas as mãos voltadas para o céu, e diga:

*Poderoso Deus da Colheita,
Abençoa estes bolos e infundi-os
com seu ilimitado amor.
Em nome da Mãe Deusa
e do Pai Deus,
abençoo estes bolos.*

Todos comem e bebem, sentados, no Círculo.

Um Grimório Herbário

Em séculos passados, quando os pesadelos que conhecemos como cidades ainda não haviam nascido, vivíamos em harmonia com a Terra e usávamos seus tesouros com sabedoria. Muitos tinham conhecimento de magias e ervas antigas.

O conhecimento foi transmitido de uma geração para a outra, de modo que o saber fosse amplamente disseminado e usado. A maioria dos povos do campo tinha conhecimento de ervas para proteção contra o mal, ou determinada flor capaz de produzir sonhos proféticos e, talvez, amuletos infalíveis para o amor.

Bruxas tinham suas próprias e intricadas operações de magia herbácea, assim como os magos e os alquimistas. Em pouco tempo, acumulou-se um conjunto de conhecimento mágico em torno de simples ervas crescidas ao lado de riachos de rápidas águas correntes, de prados verdejantes e solitários penhascos.

Muitos de nossos ancestrais, todavia, tinham o olhar voltado para as estrelas – e não para a Terra – e sonhavam com coisas maiores. Na corrida rumo à mecanizada perfeição, a humanidade ficou órfã e muito de seu saber foi esquecido.

Mas, afortunadamente, não foi totalmente perdido. As bruxas tornaram-se as guardiãs dos segredos da Terra; sendo assim, aqueles que já haviam virado as costas para os Caminhos Antigos olhavam-nas com temor. O terror e o ódio forçaram as bruxas a esconderem-se e, durante séculos, os segredos permaneceram intocados.

Hoje, vivenciamos um ressurgimento de consciência da Terra. Organizações ecológicas prosperam; reciclagem é um negócio que floresce. As pessoas estão se afastando de produtos químicos e alimentos artificialmente preservados em busca de uma saúde melhor.

Ervas, esquecidas por muito tempo, voltaram a ter seu lugar. No entanto, à parte palpites ou especulações, a arte mágica do herbalismo permaneceu inexplorada e inexplicada.

Em magia – especialmente magia com ervas – uma erva é uma planta apreciada por suas vibrações ou energias. Sendo assim, entre as mencionadas nesta seção estão algas, cactos, árvores, frutas e flores que normalmente não seriam considerados ervas.

Excerto extraído de *Magical Herbalism: The Secret Craft of the Wise* [Herbalismo Mágico: A Arte Secreta dos Sábios], de Scott Cunningham.

Sobre o Círculo

O Círculo deve ser preparado com guirlandas de flores sagradas para os deuses. Uma alternativa seria colocar as flores espalhadas em torno do perímetro do Círculo.

As velas dos pontos cardeais devem ter, em volta de cada uma delas, ervas e flores recém-colhidas, adequadas ao elemento apropriado.

Flores recém-colhidas devem sempre estar no altar ou, se nenhuma estiver disponível, use folhas verdes (tal como no Yule).

Ao lançar o Círculo ao redor de uma árvore, use frutas, nozes ou flores da própria árvore para marcar o Círculo.

Tudo isso, é claro, usado juntamente com os cordões ou as pedras.

Sobre o Fogo

O Fogo será composto das nove madeiras seguintes:

Sorveira-brava
Macieira
Sabugueiro
Corniso
Álamo (Choupo)
Zimbro (Junípero)
Cedro
Pinho
Azevinho

Caso não estejam disponíveis, use madeira nativa do local ou de carvalho. Ritos realizados na praia devem ser iluminados com fogos de madeira lançada na costa pelo mar, coletada antes pelo coven.

Sobre o *Covenstead*

As plantas que crescem próximas e nos arredores do *covenstead* são excelentes para utilização no altar durante o ritual. Quando os rituais tiverem de ser realizados em local fechado (devido à chuva ou outra intempérie), colha alguns ramos de plantas e leve-os para dentro do Círculo durante o ritual.

Se o *covenstead* for em local fechado, escolha uma seleção de plantas sagradas, em número ímpar, a serem cultivadas para que lá cresçam. Se receberem pouca luz, leve-as para fora de vez em quando, para que recebam energia solar. Dê a elas amor e energia e elas hão de ajudá-lo em sua adoração e magia.

Sobre os Membros do Coven

Use flores e ervas frescas em seus cabelos e em seu corpo. Coroas de flores são sempre apropriadas em ritos de primavera e de verão, e em todos os *handfastings*.

As mulheres podem fazer seus colares de ervas e sementes, tais como favas de tonka, noz-moscada inteira, anis-estrelado, bolotas, além de outras sementes e nozes, colocadas em um fio de fibra natural.

Sobre os Instrumentos

Estas são as instruções para a dedicação dos instrumentos antes da consagração de costume:

A Espada ou o Athame

Esfregue na lâmina folhas recém-colhidas de basílico, alecrim e carvalho (ou quaisquer ervas do Fogo) ao pôr do Sol, do lado de fora de casa, em um local onde não será nem perturbado(a), nem visto(a). Coloque a espada ou o athame, com a ponta voltada para o Sul, e salpique folhas de louro (de preferência recém-colhidas) sobre o instrumento, caminhando na direção horária três vezes em seu entorno. Sente-se em frente, com a face voltada para o Sul, e invoque o Deus para que infunda a espada ou o athame com sua força. Coloque as palmas na bainha; segure com firmeza, fique em pé, e erga-o(a) para o céu, invocando a Deusa para que carregue sua espada ou seu athame com o amor dela.

Quando o Sol tiver ido embora, embrulhe o instrumento em seda vermelha ou em tecido de algodão e leve para casa.

A Faca de Cabo Branco

Vá até a floresta (ou parque, jardim, etc.). Escolha as plantas mais belas e mais vibrantes. Toque com a ponta da faca de cabo branco nelas, uma de cada vez, criando uma conexão com sua faca e as plantas (e, dessa forma, com a Terra).

Em seguida, certifique-se de que ninguém o(a) veja e desenhe um pentagrama de invocação da Terra em terra pura, com a face voltada para o Norte. Agora a faca de cabo branco pode ser consagrada.

Essa dedicação deve ser realizada cedo, pela manhã.

A Varinha Mágica

A varinha mágica deve ser feita a partir de uma árvore do tipo apropriado. Uma varinha mágica de uso geral na Arte é feita de salgueiro, cortado durante a Lua Cheia.

Outras varinhas específicas podem ser feitas, de acordo com as seguintes correspondências:

Macieira – Amor
Nogueira – Sabedoria, Adivinhação
Freixo – Cura
Bétula – Purificação
Sabugueiro – Evocação e Exorcismo de Entidades
Carvalho – Trabalhos Solares

ou:

Sol: Carvalho
Lua: Salgueiro
Marte: Espinheiro
Mercúrio: Nogueira
Júpiter: Cedro
Saturno: Álamo (Choupo)
Vênus: Macieira

A varinha deve ser feita do modo usual. Apenas antes da consagração, esfregue nela um pouco de lavanda fresca, eucalipto ou folhas de menta.

O Pentáculo

Posicione o pentáculo na terra e cubra-o com as seguintes ervas, maceradas e secas: patchuli, salsa, ou visco, jasmim fresco ou flores de madressilva. Deixe as ervas sobre o pentáculo durante 40 batidas de coração enquanto você permanece voltado para o Norte. Em seguida, espalhe ervas ou flores nos quatro quadrantes do pentáculo, começando pelo Norte.

(Se for feito em ambiente fechado, encha um prato pequeno com terra fresca e posicione nele o pentáculo. Proceda como dito antes, jogando as ervas ou flores pela janela, ou guardando-as para depois espalhá-las do lado de fora.)

O Incensório

Fumegue alecrim puro ou olíbano dentro do incensório antes de consagrá-lo. Faça isso por pelo menos uma hora.

Os Cordões

Ate-os com salgueiro.

O Caldeirão

Leve o caldeirão até um riacho, um rio, um lago ou o oceano. Mergulhe-o na água, encha-o, leve-o até a margem (onde há tanto água como terra) e dedique-o à Deusa, colocando suas mãos em cada lado do caldeirão, de forma a encostar na água.

(Caso for feito em um ambiente fechado, realize o rito em uma banheira, depois adicione um pouquinho de sal consagrado. Use água fria ou fresca).

A Taça

Unte a base com óleo de gardênia, de rosa ou de violeta, e encha-a com água pura da fonte. Então, coloque para flutuar dentro da taça um raminho de hera, uma rosa pequena, uma gardênia recém-colhida ou alguma outra erva ou flor apropriada. Olhe para dentro dela em meditação e invoque a Deusa para que abençoe a taça.

A Vassoura

Crie a vassoura usando um bastão de freixo, galhos finos de bétula e a junção feita de salgueiro. Esfregue, de leve, ervas frescas do elemento Água na vassoura e, em seguida, enterre as ervas com a devida solenidade.

As Velas

Para os ritos, de modo geral, acrescente uma ou duas gotas de óleo de verbena à cera derretida antes de preparar as velas. Para o Yule, acrescente pinho; para o Beltane, madressilva; para o Lammas, flor de maçã; para o Samhain, cipreste. Use o óleo ou a erva, o que estiver disponível.

Para as velas de ritual de Lua Cheia, acrescente sete gotas de óleo de sândalo.

Se tiver de comprar as velas em vez de fazê-las, unte-as com os óleos específicos.

O Cristal ou Espelho

Esfregue o espelho, na Lua Cheia, com artemísia recém-colhida. Em relação ao cristal, leve-o para fora, erga-o na direção da Lua Cheia, e capture sua imagem. Em seguida, esfregue nele folhas de artemísia recém-colhidas (ou secas, caso as frescas não estejam disponíveis). Repita os procedimentos com o cristal ou com o espelho ao menos três vezes por ano.

O Livro

Costure na capa do Livro folhas de ervas sagradas: verbena, arruda, louro, entre outras. Elas devem estar bem secas e, em segredo, serem colocadas sob a luz da Lua Cheia.

Folhas totalmente secas e pressionadas de gatária ou de balsamita podem ser usadas como marcadores de páginas para o Livro.

O Manto

Deixe-o entre sachês de lavanda, verbena e cedro quando não estiver sendo usado. Costure em suas dobras um pouco de alecrim ou de olíbano quando estiver confeccionando-o.

Sobre as ervas e plantas dos Sabbats

A serem usadas como decoração no altar e em volta do Círculo.

Samhain

Crisântemo, absinto, maçã, nogueira, romã, todo tipo de grãos, frutas recém-colhidas, nozes e abóbora.

Yule

Azevinho, visco, hera, cedro, louro, zimbro (junípero), alecrim, pinho. Disponha oferendas de laranjas, nozes-moscadas, limões e canela em pau (sem ser quebrada) na árvore.

Candlemas

Galanto, sorveira-brava, as primeiras flores do ano.

Equinócio de Primavera

Narciso selvagem,* aspérula, tojo, oliva, peônia, narciso, todas as flores da primavera.

---

* N.T.: Flor nacional do País de Gales.

Beltane

Espinheiro, madressilva, erva-de-são-joão.

Solstício de Verão

Artemísia, verbena, camomila, rosa, lírio, carvalho, lavanda, hera, milefólio, samambaia, sabugueiro, tomilho selvagem, margarida, cravo (flor).

Lammas

Todos os tipos de grãos, uvas, urze, amoras silvestres, ameixeira-brava, maçãs silvestres.

Equinócio de Outono

Nogueira, milho, álamo tremedor (faia-preta), bolotas de carvalho, ramos de carvalho, folhas outonais, caules de trigo, cones de cipreste, cones de pinho, frutos da colheita.

Sobre as Árvores dos Sabbats

Samhain: Sabugueiro
Yule: Orégano
Candlemas: Sorveira-brava
Equinócio de Primavera: Amieiro
Beltane: Salgueiro
Solstício de Verão: Cedro
Lammas: Azevinho
Equinócio de Outono: Vinha

Sobre os Rituais da Lua Cheia

Use todas as flores noturnas, brancas ou com cinco pétalas, tais como a rosa branca, o jasmim que floresce à noite, cravos (flor), gardênias, lírios, íris – quaisquer flores de aroma agradável hão de incitar a presença da Deusa.

Sobre as Oferendas

Para a Deusa

As flores que são usadas nos Rituais de Lua Cheia; flores azuis, aquelas dedicadas a Vênus ou à Lua; arruda, verbena e oliva; ou outras que julgar adequadas.

Para o Deus

Todas as ervas do Fogo ou do Ar; ervas e flores com aroma forte, claras ou cítricas; florescências amarelas ou vermelhas; cones, sementes, cactos e outras ervas que causam comichão; laranjas, alho, cravos, olíbano, e assim por diante.

Além disso, aquelas especialmente dedicadas aos deuses com os quais você esteja trabalhando.

Como Wicca, tomaremos apenas aquilo de que precisamos das coisas verdes e que crescem na Terra, nunca deixando de nos harmonizar com a planta antes de colhê-la, nem deixando de colocar algo simbólico no lugar, em sinal de gratidão e respeito.

AQUI TERMINA ESTE GRIMÓRIO HERBÁRIO

Receitas e Segredos Herbários

Muitas bruxas combinam seu conhecimento mágico de ervas com o lado medicinal destas, descobrindo que os dois, com frequência, trabalham em conjunto para acréscimo de poder. Os poderes curativos das ervas são quase sempre ampliados com uma pitada de magia para acelerar o processo.

A base da cura mágica é exatamente a magia. Faz uso dos poderes das ervas fortificadas e direcionadas pelo curador para promover a cura no corpo, diretamente por meio da força da magia.

Um aviso importante: a magia não deve ser utilizada em substituição aos cuidados médicos profissionais. Em caso de danos ou doenças graves, consulte um médico, assim como o faria um não bruxo ou inclusive um bruxo. Os remédios apresentados a seguir são usados principalmente para males menores.

Excerto extraído de *Magical Herbalism: The Secret Craft of the Wise*, de Scott Cunningham.

Para Resfriados

Encha uma caneca ou panela pequena com água e ferva nela um limão inteiro durante nove minutos. A seguir, retire-o da água, esprema-o para extrair o suco, acrescente a mesma quantidade de mel que a do suco e beba a mistura, enquanto ainda estiver quente.

Para Dormir

Partes iguais:
Valeriana
Sapatinho
Solidéu

Acrescente uma colher de chá (de cada ingrediente) a uma xícara de água; deixe em infusão durante nove minutos, filtre a mistura e beba-a. Terá um gosto amargo; então, pode adicionar mel para ajudar a bebê-la. Quanto mais quente conseguir bebê-la, melhor. Em seguida, descanse e relaxe, e cairá no sono rapidamente.

Para Resolver Problemas Digestivos

Uma colher de chá de hortelã a uma xícara de água, em infusão, alivia eficientemente dores de estômago comuns.

Para Aliviar Congestões Nasais

Inale os vapores de um chá de hortelã ou eucalipto em infusão e inale o vapor do óleo de eucalipto, ou passe na testa.

Para Aliviar Queimadura Solar

Despeje vinagre de cidra/maçã ou chá preto puro, gelado, nas áreas afetadas.

Para uma Ferida

Coloque uma teia de aranha na área até que se possa encontrar os devidos cuidados médicos.

Para Curar Envenenamento por uma Planta

Tenha conhecimento sobre as plantas em sua área, incluindo as venenosas e seus antídotos. O antídoto, pela tradição da Bruxa, estará nascendo por perto de qualquer planta venenosa.

Se você não conhece plantas silvestres, não as ingira. Apenas um errinho é o bastante.

Para Dor de Cabeça

Chá de camomila deixa a cabeça descansada, assim como os chás de hortelã e de tomilho. Ou esfregue folhas de menta nas têmporas.

Afrodisia: uma Poção de Amor

1 pitada de alecrim
3 pitadas de tomilho
2 colheres de chá oriental
Pedacinhos de casca de laranja
1 pitada de folhas de coentro
3 folhas de menta
5 pétalas de rosa
5 folhas de limão
3 pitadas de noz-moscada

Coloque tudo em um bule. Ferva água e despeje nele. Adoce com mel, se desejar. Sirva quente. Rende 3 xícaras.

Para Repelir Insetos Voadores

Esmague folhas de hortelã ou de amieiro e esfregue-as na pele, por baixo da roupa.

Tranquilizante Herbáceo

Prepare um pote de chá de gatária e beba-o morno, com mel se desejar.

Para Aliviar uma Queimadura

Esfregue suco de aloe vera (cacto), ou coloque um chá chinês bem forte (gelado) na área.

Para Prevenção de Resfriados

Beba chá de sassafrás enquanto estiver tentando se curar do resfriado.

Para Largar o Vício de Fumar

Mastigue raízes de alcaçuz quando sentir vontade de fumar.

Para Dormir

Preencha um saquinho de pano com pétalas secas de rosa, menta seca e cravos-da-índia em pó. Para sentir sono, inale a fragrância.

Para Fortalecer os Espíritos

Vá até o jardim e colha alecrim fresco, abrótano, manjerona, balsamita e um pouquinho mais de alecrim. Esmague levemente as ervas nas mãos e inale-as.

Para Curar um Resfriado

Coma um sanduíche de cebola (crua). Pegue várias bagas de eucalipto (verdes), faça um colar com elas usando um fio da cor verde e use-o em volta do pescoço. Ao coletar as bagas da árvore, lance o resfriado na árvore. Quando este se for, enterre ou jogue fora o colar de eucalipto.

Para Fortalecer a Virilidade

Carregue consigo uma bolota de carvalho, ou um pedaço de uma raiz de mandrágora. Coma aspargos e frutos do mar.

Incensos

O incenso vem sendo queimado em altares de magia por pelo menos 5 mil anos. Era queimado na antiguidade para mascarar os odores dos animais sacrificados, para levar as preces aos deuses e criar um ambiente agradável, propiciando os encontros entre humanos e deidades.

Nos dias atuais, quando a era do sacrifício de animais entre os magos ocidentais faz parte de um passado distante, os motivos para o uso do incenso são diversos. O incenso é queimado durante a magia para promover consciência ritualística, bem como o estado mental necessário para fazer surgir e direcionar energia pessoal; o que também é obtido por meio do uso de instrumentos mágicos, posicionando-se perante o altar encantado com velas e entoando o cânticos e palavras simbólicas.

Queimado antes de trabalhos mágicos, sua fumaça fragrante purifica o altar e as áreas do entorno, livrando-os de vibrações perturbadoras e negativas. Embora tal purificação não seja geralmente necessária, esta, mais uma vez, ajuda a criar o estado mental necessário para a prática bem-sucedida de magia.

Incensos especialmente formulados são queimados para atrair energias específicas para o mago, ajudando-o(a) a reunir poder pessoal, visando o objetivo último do ritual e, por fim, criando a mudança necessária.

O incenso, em comum com todas as coisas, detém vibrações específicas. O mago escolhe o incenso para o uso mágico levando em conta tais vibrações. Caso for promover um ritual de cura, ela ou ele queima uma mistura composta de ervas que promovem a cura.

Quando o incenso é queimado em um ambiente ritualístico, ele passa por uma transformação. As vibrações, não mais presas em sua forma física, são liberadas no ambiente. Suas energias, misturadas às do mago, aceleram o efeito das mudanças necessárias para a manifestação da meta.

Nem todas as fórmulas de incensos são estritamente para uso mágico. Alguns são queimados em agradecimento ou em oferenda a diversos aspectos da deidade, como, por exemplo, o zimbro (junípero), que era queimado para Inanna havia 5 mil anos na Suméria. Outras misturas têm o propósito de aumentar o poder dos rituais wiccanos.

Excerto extraído de *O Livro Completo de Óleos, Incensos e Infusões*, de Scott Cunningham

Incenso do Sabbat

Louro
Funcho
Tomilho
Poejo
Selo-de-salomão
Arruda
Absinto
Verbena
Camomila
Cânhamo
Olíbano
Mirra
Benjoim

Os três últimos ingredientes devem compor a maior parte da mistura. Preparar o composto enquanto a Lua estiver no crescente.

Incenso do Esbat

Estoraque
Cânfora
Lírio florentino
Tomilho
Papoula branca
Aloe vera (babosa)
Cálamo
Botões de rosa
Canela
Coentro
Olíbano
Mirra
Benjoim

Preparar a mistura na Lua Cheia.

Incenso do Círculo

Olíbano
Mirra
Benjoim
Canela
Pétalas de rosa
Verbena
Alecrim
Sândalo
Louro

Partes iguais. Prepare a mistura na Lua Crescente. Use-a para ritos mágicos em geral, ritos de adoração ou quando não houver nenhum outro incenso específico ou disponível.

Composto Planetário

Olíbano ☉
Lírio florentino ☾
Lavanda ☿
Pétalas de rosa ♀
Sangue-de-dragão ♂
Trevo-de-cinco-folhas ♃
Selo-de-salomão ♄

Preparar a mistura na Lua Crescente.

```
COMPOUND PLANETARY

Frankincense-☉
Orris-☾
Lavender-☿
Rose Petals-♀
Dragon's Blood-♂
Cinquefoil-♃
Solomon's Seal-♄

Mix during the waxing Moon.
```

Incensos Planetários

Sol
Olíbano
Canela
Louro
Gengibre azul
Visco
Vinho
Mel

Lua
Lírio florentino
Zimbro (junípero)
Bagas
Cálamo
Cânfora
Óleo de lótus

Mercúrio
Sândalo
Lavanda
Resina de aroeira (ou benjoim)

Vênus
Botões de rosa
Sândalo vermelho
Benjoim
Patchuli

Marte
Sangue-de-dragão
Pimenta-malagueta (ou pimenta-calabresa)
Pimenta-do-reino (preta)
Cardamomo
Cravos-da-índia
Cássia (ou canela)

Júpiter
Cedro
Vetiver
Jacarandá
Açafrão
Óleo de oliva

Saturno
Abelmosco
Mirra
Orégano-de-creta
Óleo de cipreste

Incensos dos Elementos

Ar
Resina de aroeira
Lavanda
Visco
Benjoim
Absinto

Água
Mirra
Benjoim
Algália
Âmbar cinza
Aloe vera (babosa)
Cânfora
Óleo de lótus

Fogo
Olíbano
Almíscar
Sangue-de-dragão
Sândalo vermelho
Açafrão

Terra
Orégano-de-creta
Patchuli
Estoraque
Sal
Óleo de cipreste
Óleo de narciso

Incenso do Exorcismo

Louro
Selo-de-salomão
Erva-benta
Artemísia
Milefólio
Erva-de-são-joão
Angélica
Alecrim
Basílico

Preparar a mistura durante a Lua Minguante.

Incenso de Consagração

Aloe vera (babosa)
Estoraque
Flor de noz-moscada
Benjoim

Fogo de Azrael

Cedro
Sândalo
Zimbro (junípero)

Preparar a mistura durante a Lua Crescente. Para fazer a cristalomancia, acenda uma fogueira de madeira trazida pelas águas perto do mar. Quando se apagar, jogue o incenso sobre os restos de carvão. Deite-se e faça a cristalomancia. Pode também ser usado como incenso em casa.

Incenso para Cristalomancia

Artemísia
Absinto

Partes iguais. Misturar e queimar uma pequena quantidade antes de realizar a cristalomancia.

Incenso de Adivinhação

Cravos-da-índia, 1 parte
Endívia, 3 partes
Trevo-de-cinco-folhas, 1 parte

Preparar a mistura na Lua Crescente.

Incenso da Visão

Louro
Olíbano
Damiana
Cânhamo

Incenso para Vista

Resina de aroeira (ou benjoim)
Raízes de bambu
Canela
Almíscar ou abelmosco
Zimbro (junípero)
Sândalo
Âmbar cinza
Cânhamo
Patchuli

Preparar o composto durante a Lua Crescente.

Incenso de Cura

Cravos-da-índia
Noz-moscada
Bálsamo de limão
Semente de papoula
Cedro
Óleo de madressilva
Óleo de amêndoa

Incenso do Amor

Lavanda
Sangue-de-dragão
Murta
Botões de rosa
Lírio florentino
Óleo de almíscar ou abelmosco
Patchuli

Incenso de Proteção

Olíbano		Olíbano
Betônia	ou	Sândalo
Sangue-de-dragão		Alecrim

Podem ser queimados apenas o alecrim ou o olíbano. Use-o conforme necessário, de manhã, de tarde e de noite.

Proteção Intensificada

Louro
Erva-benta
Artemísia
Milefólio
Alecrim
Erva-de-são-joão
Angélica
Basílico
Zimbro
Bagas

Incenso para Estudos

Canela
Alecrim
Benjoim

Queime em pequena quantidade enquanto estiver estudando.

Incenso de Oferenda

Pétalas de rosa
Verbena
Canela
Mirra
Olíbano

Queime-o enquanto honra o Deus e a Deusa.

Incenso do Altar

Olíbano
Canela
Mirra

Queime-o para purificar o altar.

Incenso de Cernunnos

Pinho
Sândalo
Algália
Valeriana
Almíscar
Canela
Olíbano

Para honrá-lo. Use apenas uma pitada de raiz de valeriana, a menos que deseje um incenso muitíssimo forte.

Incenso de Consagração da Casa

Endro
Olíbano
Betônia
Sangue-de-dragão
Sândalo
Rosa
Óleo de gerânio
Mirra

Queime-o em seu novo lar antes de se mudar, ou para limpar sua casa. Ele é tradicionalmente queimado na primavera.

Incenso da Lua Cheia

Sândalo
Olíbano
Cânfora

Use apenas uma pitada de cânfora. Queime-o na Lua Cheia.

Incenso "para Emergências"

Assa-fétida
Flores de alho
Olíbano
Mirra
Pimenta-calabresa
Pimenta-malagueta
Arruda
Sangue-de-dragão
Alecrim
Sorveira-brava (ou freixo)
Maçã
Sabugueiro
Corniso
Álamo (choupo)
Zimbro (junípero)
Cedro
Pinho
Azevinho

Queime apenas em casos de extraordinários perigos psíquicos. Não o inale durante períodos prolongados. Mantenha um pouco dentro do Círculo de Pedras para emergências.

Para Trazer Chuva

Urze
Samambaia
Meimendro

Queime tudo junto do lado de fora de casa, para atrair chuva.

Incenso das Nove Madeiras

Sorveira-brava (ou freixo)
Maçã
Sabugueiro
Corniso
Álamo (choupo)
Zimbro (junípero)
Cedro
Pinho
Azevinho

Partes iguais, em pó. Use em ritos feitos em locais fechados no lugar da fogueira.

Incenso do Ritual da Lua Cheia

Flores secas de gardênia
Olíbano
Raiz moída de lírio florentino

Amasse-os juntos no concreto na Lua Cheia. Use-o para rituais lunares.

Incenso para Meditação

Louro
Sândalo
Damiana

Queime uma quantia pequena antes de realizar a meditação.

Incenso para Atração

Jasmim
Violeta
Lavanda

Atrai espíritos úteis, assistência em todas as questões importantes, boa sorte.

Incenso de Hermes

Lavanda
Resina de aroeira
Canela

Para concentração e criatividade.

Incenso de Afrodite

Canela
Cedro
Óleo de violeta

Para ritos de amor.

Incenso para Banimento

Sangue-de-dragão
Olíbano
Alecrim

Para banir o mal.

Água Sagrada

Colha quaisquer 9 plantas e ervas sagradas e deixe-as descansar em água de chuva ou fonte durante três dias. Coe a mistura e aplique com ajuda de um borrifador. Ela deve ser de arruda, se for para cura; folha de louro, se for para proteção; alecrim, para exorcismo. Prenda um ramo da erva a um galho fino com um fio para fazer o borrifador. Mergulhe a erva na água sagrada e faça a aspersão.

Travesseiros de Ervas

Travesseiro do sonho: Artemísia ou *Melissa officinalis*,* balsamita, rosa, menta, cravos-da-índia
Cura de pesadelos: Semente de anis
Cura da melancolia: Tomilho
Sono fácil: Encha uma pequena fronha com hortelã fresca. Substitua o conteúdo todas as noites, pois a erva não dura muito tempo.

---

* N.T.: Nomes populares no Brasil: erva-cidreira, chá-da-frança, chá-de-tabuleiro, cidrilha, citronela, citronela-menor, erva-cidreira-europeia, erva-luísa, cidreira-verdadeira, limonete, meliteia, melissa, melissa-romana, melissa-verdadeira, salva-do-brasil.

Para Melhorar a Visão

Colha o orvalho do funcho ou celidônia e coloque-o sobre as pálpebras.

Sonho Verdadeiro

À noite, moa avelã e noz juntas. Adicione uma pitada de noz-moscada. Misture-as com manteiga e açúcar mascavo para formar muitas bolinhas. Coma sete bolinhas uma hora antes de ir dormir, para que tenha sonhos verdadeiros!

Sais de Banho Ritualísticos

A uma xícara de sal puro, acrescente diversas gotas do óleo que contém as vibrações que você deseja trazer para sua vida. Corante de alimentos também pode ser acrescentado, de modo a intensificar o sal de banho finalizado.

Ervas

Ervas Sagradas das Deusas

Afrodite	oliva, canela, margarida, cipreste, marmelo
Aradia	arruda, verbena
Ártemis	abeto prata, cipreste, cedro, nogueira, murta, salgueiro
Ashtoreth	cipreste, murta
Astarte	amieiro
Atena	oliva
Bast	gatária
Cailleach	milho
Cardea	espinheiro
Ceres	salgueiro, trigo, papoula, alho-poró, narciso
Circe	salgueiro
Cibele	bolota de carvalho, mirra, cone de pinho
Deméter	milho, cevada, poejo, mirra, rosa
Diana	bétula, absinto, óregano, nogueira, faia, abeto
Druantia	abeto
Eos	açafrão
Freya	prímula, samambaia, mirra, morango
Hathor	murta, sicômoro, mandrágora, coentro

Hécate	salgueiro, meimendro, aconitela, taxus, mandrágora, ciclâmen, menta
Hera	romã, mirra
Hulda	linho, rosa, heléboro, salgueiro
Íris	absinto
Ishtar	todos os grãos
Ísis	urze, milho, losna, cevada, mirra, rosa
Juno	lírio, açafrão, asfódelo, marmelo, romã, verbena, íris, alface
Minerva	oliva
Néftis	mirra
Nuit	sicômoro
Perséfone	narciso, salgueiro, romã
Proserpina	narciso selvagem
Reia	mirra
Vênus	canela, margarida, urze, anêmona, maçã, papoula, violeta, manjerona, avenca, cravo (flor), áster, verbena, mirtilo, orquídea, cedro

Ervas Sagradas dos Deuses

Adônis	mirra, milho, rosa, funcho, alface
Aesculapius	loureiro
Apolo	loureiro, alho-poró, jacinto, heliotrópio, árvore do corniso, folha de louro, olíbano
Ares	ranúnculo amarelo
Attis	pinho
Baco	uva, hera, figo, faia
Bran	alder, grãos
Cupido	cana-de-açúcar, violeta branca, rosa vermelha
Dadga	carvalho
Dianus	figo
Dionísio	figo, vinhas e uvas, pinho, milho, romã, todas as árvores silvestres e cultivadas, cogumelo venenoso e cogumelos em geral
Dis	cipreste
Eros	rosa vermelha
Gwydion	freixo
Hélio	girassol, heliotrópio
Hércules	maçã (fruta), álamo (choupo), faia
Hórus	marroio-branco, lótus

Hypnos	papoula
Jove	cravina, cássia, sempre-viva, cravo (flor)
Júpiter	babosa, agrimônia, sálvia, carvalho, verbasco, faia, sempre--viva, palmeira, violeta, tojo
Cernunnos	heliotrópio, loureiro, girassol, carvalho, laranja
Marte	babosa, corniso, ranúnculo amarelo, grama, verbena
Mercúrio	canela, amora, nogueira, salgueiro
Mitra	cipreste
Osíris	acácia, vinhas e uvas, milho, hera, tamarisco, cedro
Pã	figo, abeto, caniços, samambaias
Plutão	cipreste, menta
Poseidon	pinho, freixo
Rá	olíbano, mirra
Rimmon (Adônis)	romã
Saturno	figo, sarça
Tammuz	milho, romã
Thor	cardo, sempre-viva, verbena, nogueira, freixo, bétula, sorveira-brava, bolota, romã
Woden	freixo
Zeus	carvalho, oliva, pinho, babosa, salsa, sálvia, trigo

Código Herbáceo

Em antigas receitas, há, com frequência, estranhos ingredientes:

Cérebro [*brain*]: resina congelada da cerejeira
Olhos [*eyes*]: planta de floração anual da família da boca-de-dragão ou margarida
Sangue [*blood*]: seiva de sabugueiro
Dedos [*fingers*]: trevo-de-cinco-folhas
Cabelo [*hair*]: avenca
Pele de um homem [*skin of a man*]: samambaia
Chifre de unicórnio [*Unicorn Horn*]: verdadeira aletris
Sangue de touro: [*bull's blood*] marroio-branco
Xixi [*Piss*]: dente-de-leão
Dedos sangrentos [*bloody fingers*]: dedaleira
Língua de cachorro [*tongue of dog*]: língua-de-cão (*Cynoglossum officinalis*)
Escamas de dragão [*dragon's scales*]: folhas de bistorta
Cobra [*snake*]: funcho ou bistorta
Orelha de um burro [*ear of an ass*]: confrei
Coração [*heart*]: noz

Orelhas de um bode [*ears of a got*]: erva-de-são-joão
Caveira [*skull*]: solidéu
Minhocas [*worms*]: raízes tortas de uma árvore nativa
Dente de leão (animal) [*lion's tooth*]: dente-de-leão
Dente ou dentes [*tooth/teeth*]: cones de pinho
Velas de defunto [*corpse candles*]: verbasco
Um homem morto [*a dead man*]: raiz de freixo, esculpida em uma rudimentar forma humana.
Mão [*hand*]: a folha dividida e não expandida de um exemplar de samambaia macho, usada para fazer a verdadeira mão da glória, que não passava de uma vela feita de cera comum misturada com samambaia. Usada em antigas cerimônias.

Quando são pedidos (nas receitas) os seguintes animais, use a erva:

Carneiro/Ovelha [*sheep*]: dente-de-leão
Cachorro [*dog*]: *Elytrigia repens*
Cordeiro [*lamb*]: rapúncios
Gato [*cat*]: gatária
Rato [*rat*]: valeriana
Doninha [*weasel*]: arruda
Rouxinol [*nightingale*]: lúpulo
Cuco [*cuckoo*]: orquídeas, tanchagem
Falcão [*hawk*]: pilosela
Milheiros [*linnets*]: eufrásia
Pica-pau [*woodpeckers*]: peônia
Corvo Azul [*blue jay*]: louro
Rã [*frog*]: trevo-de-cinco-folhas
Sapo [*toad*]: sálvia
Lagarto [*lizard*]: calaminta

Quando se pedir um sacrifício, isso quer dizer que você deve enterrar um ovo. **Nunca** significa que deva matar nada vivo!

Código Herbáceo

A parte pedida na receita quer dizer uma parte da erva a ser usada, com a seguinte correspondência:

A cabeça [*head*]: é a flor
A pata, o pé, a perna ou a escama [*paw, foot, leg, scale*]: é a folha
O dente [*tooth*]: é a folha, fruta
Os intestinos [*guts*]: são as raízes e o caule

A cauda [*tail*]: é a haste
A língua [*tongue*]: é a pétala
As genitálias externas [*privates*]: são as sementes
O cabelo [*hair*]: é a erva seca, fibrosa
O olho [*eye*]: é a parte interna de uma flor
O coração [*heart*]: é um botão ou uma grande semente.

    Estas plantas são, com frequência, ingredientes em antigas receitas. Observe que se trata de plantas e não de animais!

Pé de corvo [*crowfoot*]: erva-ciática
Dente de cachorro [*dog's teeth*]: espadela
Orelha de lebre [*hare's ear*]: mostarda-preta
Orelha de rato [*mouse ear*]: não-te-esqueças-de-mim
Pé de sapo [*frog's foot*]: *saponaria Molina*
Rabo de gato [*cat's tail*]: acalifa
Carne de pato [*duck's meat*]: lentilha-d'agua
Pé de lebre [*hare's foot*]: pé-de-lebre
Língua de veado [*hart's tongue*]: língua-de-veado
Rabo de cavalo [*horse tail*]: cavalinha
Erva-rim [*kidneywort*]: umbigo-de-vênus
Pé de urso [*bear's foot*]: erva-besteira
Pé de bode [*goat's foot*]: salsa-da-praia
Frangos e galinhas [*hen and chikens*]: bálsamo
Pé de cavalo [*horse foot*]: tussilagem
Casco de cavalo [*horse hoof*]: tussilagem
Polegar de moça [*ladies thumb*]: trigo mourisco
Boca de leão [*lion's mouth*]: boca-de-leão
Sangue de dragão [*dragon's blood*]: sangue-de-dragão
Pata de gato [*cat's foot*]: antenária
Língua de víbora [*adder's tongue*]: *Erythronium americanum*
Rabo de leão [*lion's tail*]: rubim
Pé de pássaro [*bird's foot*]: pé-de-pássaro
Pinça de caranguejo [*crab's claws*]: helicônia
Pé de pomba [*dove's foot*]: gerânio
Rabo de potro [*colt's tail*]: conizina-do-canadá
Pé de potro [*colt's foot*]: tussilagem
Barba de bode [*goatsbeard*]: capim-barba-de-bode
Olho de pássaro [*bird's eye*]: verônica
Língua de pássaro [*bird's tongue*]: ave-do-paraíso
Pé de boi [*bull's foot*]: tussilagem

Garra de dragão [*dragons's claw*]: tortuosa
Língua de boi [*ox tongue*]: língua-de-boi
Olho de pintarroxo [*robin's eye*]: *Polytrichium juniperum*
Cabeça de tartaruga [*turtle's head*]: *Chelone glabra*
Língua de raposa [*fox's tongue*]: *Cynoglossum officinale*
Língua de serpente [*snake's tongue*]

Todas as plantas que na linguagem comum têm no nome "do diabo" ou "do velho" (alguma coisa do diabo ou alguma coisa do velho) são, na verdade, consagradas ao Deus. Todas as plantas dedicadas à Nossa Senhora ou à Maria (por exemplo, erva-de-nossa-senhora ou erva-de--maria) são consagradas e dedicadas à Deusa.

Sobre os Lugares onde Plantas e Ervas são Encontrados

Campos

Verbena, artemísia, mercúrio, trevo-de-cinco-folhas, erva alheira, ambrósia, sanguinária, laranja silvestre, linária, pó-de-prata, bolsa--de-pastor, milefólio, centaurea, pó-de-prata, scabiosa, dente-de-leão, erva-coalheira, azedinha, margaridas, cenouras silvestres, verbasco, trevo, bulbos, marroio-branco, etc.

Entre os Grãos

Caravelas, papoulas, ononis, fumaria, agulha de vênus, matricaria, jolo (cizânia), calêndula, morrião azul, aipo, *Convolvulus*, serralha

Bosques

Eufórbias, tormentilha, agrimônia, pé-de-leão, erva-de-são-joão, betônia, oxalis, aspérula, senecio, samambaias, esteva, polygala

Campinas

Calêndula, rainha-dos-prados, sanguisorba, celosia, saxifraga, ruibarbo da campina, pedicularis

Telhados de casas

Sempre-viva, sedum, erva-de-são-roberto, *seengreen*

Terrenos Pantanosos

Poejo, algodão-grama, pinguicula, *Menyanthes*, *Sun Dew*, cavalinha fétida, valeriana

Nas Margens de Rios

Valeriana, confrei, avenca, agrião, todas as hortelãs, qualquer planta com poder de cura, azedinha, guaco, *Epilobium*, cicuta, betônia d'água, etc.

Encostas de Rios

Lírio-d'água, milefólio-aquático, *Hydrocharis morsus-ranae*, *calthrobs*, *Erechtites*, tanchagem-d'água, *Sagittaria*, *Oenanthe sarmentosa*, todos os tipos de figos, *Cyperus*, juncos

Poços

Lemnaceae, Veronica beccabunga, ranúnculo, agrião, berula, marroio-da-água, miosótis d'água, poejo

Paredes

Samambaia, *Equium* (trepadeira), draba, samambaias de jardim, rúcula, goiveiro amarelo, convolvuláceas, parietária, arruda

Ervas Positivas, Masculinas e Estimulantes

Estas são excelentes auxiliares em feitiços e operações que envolvam homens, força, força de vontade, objetos materiais, empregadores e funcionários, inteligência e estudos, governantes e líderes políticos, sexo, dinheiro, etc. Como em qualquer operação mágica, contudo, evite a manipulação de outros seres e nunca use nenhuma destas ervas para ingestão.

Verbena	Olíbano	Erva-de-são-joão
Urtiga	Alecrim	Mostarda
Baunilha	Pimenta-malagueta	Pimenta-da-jamaica
Anis cor-de-rosa	Gerânio	Tanaceto
Abelmosco	Solidago	Cravo (flor)
Gengibre	Loureiro	Espinheiro
Tomilho	Hissopo	Cardo
Calêndula	Hortelã	Mirra
Patchuli	Aquilea	Damiana
Eucalipto	Alho	Aspérula-odorífica
Endro	Sangue-de-dragão	Cravo
Açafrão	Canela	Pinho
Celidônia	Carvalho	Poejo
Holly	Heliotrópio	Mirta
Coentro	* Tabaco	Cactos
* Mandrágora	Folha de curry	Hibisco
Girassol	Verbasco	

Ervas marcadas com asterisco (*) são perigosas, não as ingira (nem inale).

POSITIVE, MASCULINE AND STIMULATING
HERBS

These are excellent adjuncts to spells and operations involving
men, strength, will-power, endurance, material objects, employers
and employees, intelligence and study, rulers and policital leaders, sex,
money, and so on.

As with any operation of magic, however, avoid manipulation of
other beings and never use any of these herbs internally.

Vervain	Frankincense
St. John's Wort	Nettle
Rosemary	Mustard
Vanilla	Grains of Paradise
All-Spice	Anise
Rose Geranium	Feverfew
Ambrette	Goldenrod
Carnation	Ginger
Bay Laurel	Hawthorn
Thyme	Hyssop
Thistle	Marigold
Spearmint	Myrrh
Patchouli	Yarrow
Damiana	Eucalyptus
Garlic	Woodruff
Dill	Dragon's Blood
Clove	Saffron
Cinnamon	Pine
Celandine	Oak
Pennyroyal	Holly
Heliotrope	Periwinkle
Coriander	♀Tobacco
Cacti	♀Mandrake
Curry Leaf	Hibiscus
Sunflower	
Mullein	

*herbs marked ♀ are dangerous.
Do not take (or inhale fumes) internally

Ervas Negativas, Femininas e Relaxantes

Estas são ervas a serem usadas em operações e feitiços que envolvam mulheres, sono, profecia e adivinhação, visões, amor e sexo, emoções, espiritualidade, cura, *handfastings* e fertilidade.

Ervas marcadas com asterisco (*) são perigosas, não as ingira (nem inale).

Lúpulo	Plumeria
Scutellaria barbata	Gardênia
Orégano-de-creta	Cedro
Kava-kava	Dama-da-noite
Sapatinho	Agripalma
Valeriana	Prímula
Papoula	Lírio florentino
Camomila	Magnólia
Bergamota	Pepino
Gatária	*Meimendro
Jacinto	*Beladona
Lavanda	Tonka
Filipêndula	Cinco-em-rama
Alface	Cipreste
Jasmim	Uvas
Cânhamo	Cânfora
Salgueiro	*Laminaria*
Prímula	Lótus
Noz-moscada	Lírio-d'água
Hortelã	Agrião
Maracujá	*Lythrum*
Tuberoso	Levítico

Ervas Neutras ou Hermafroditas

Estas são ervas a serem usadas em operações do intelecto, para resfriarem ardores ou paixões indevidos de todos os tipos, para autocontrole (como quando se está fazendo dieta). Elas trazem equilíbrio a uma vida desequilibrada. Não as ingira (nem inale).

Toranja
Laranja
Verbena
Citronela
Framboesa

Limão
Manjerona
Bálsamo de limão
Tangerina

Ervas, Plantas, Flores de Proteção

Sabugueiro (bagas, cascas da árvore, galhos finos, folhas)
Verbena
Erva-de-são-joão
* Arruda
Zimbro (junípero)
* Visco
Anagallis
Ciclâmen
Angélica
Boca-de-dragão
Betônia
Erva-benta
Endro
Linho
Trevo/Trifólio (trevo-de-três-folhas)
Louro
Sorveira-brava
Manjerona
* Freixo: galhos finos, bagas
Sempre-viva
Artemísia
Ínula

```
  Elder (berries, bark,
  Vervain
  St. John's Wort
♀ Rue
  Juniper
♀ Mistletoe
  Pimpernel
  Cyclamen
  Angelica
  Snapdragon
  Betony
  Avens
  Dill
  Flax
  Trefoil (three-leaved
  Bay Laurel
  Rowan
  Marjoram
♀ Ash twigs, berries
  Houseleek
  Mugwort
  Elecampane
```

Alecrim
Verbasco
Sapatinho
Assa-fétida
* *Bittersweet*
Funcho
Fumaria
Marroio-branco
Mirta
Bálsamo de Gilead
Basílico
Peônia
Alho
Cebola

```
Rosemary
Mullein
Lady's Slipper
Asafoetida
& Bittersweet
Fennel
Fumitory
Horehound
Periwinkle
Balm of Gilead
Basil
Peony
Garlic
Onion.

Use in the standard ways
   for protection.
```

Use-as dos modos-padrão para proteção.

Ervas marcadas com asterisco (*) são perigosas, não as ingira (nem inale).

Ervas, Plantas, Flores de Cura

Amaranto
Anêmona
Canela
Açafrão
Hortelã
Sálvia
Eucalipto
Lúpulo
Gerânio vermelho
Cravo (Flor)
Lavanda
Narciso
Sândalo
Violeta
Arruda
Alecrim
Mirra
Rosa
Bálsamo de Gilead
Cardos

Use-as em magia com velas, sachês de cura, incensos e saquinhos de ervas para banhos, etc. No entanto, lembre-se de que prevenir é melhor que remediar – não ingira ou inale algo cujos efeitos podem ser prejudiciais ao organismo.

Ervas, Plantas, Flores de Exorcismo

Selo-de-salomão
Erva-benta
Louro
Flores de alho
Flores de cebola
Cardo
Aquilária
Honestidade
Zimbro (Junípero)
* *Veratrum Nigrum*
Peônia
Artemísia
Sabugueiro
Urtiga
Milefólio
Erva-de-são-joão
Alho
Angélica
Manjerona
Ameixeira brava
Alecrim
Basílico
Assa-fétida
Olíbano
Mirra

```
Solomon's Seal
Avens
Bay Laurel
Garlic Flowers
Onion Flowers
Thistle
Aloes Wood
Honesty
Juniper
Black Hellebore
Peony
Mugwort
Elder
Nettle
Yarrow
St. John's Wort
Garlic
Angelica
Marjoram
Sloe
Rosemary
Basil
Asafoetida
Frankincense
Myrrh
```

Ervas marcadas com asterisco (*) são perigosas, não as ingira (nem inale).

Ao usar tais ingredientes em incensos, utilize pequenas quantidades, especialmente no caso daquelas marcadas como perigosas, e nunca inale a fumaça. Sempre deixe a área, ficando fora dela até que o incenso tenha acabado e a fumaça tenha sido bem dissipada. Para facilitar isso, e também por ser uma boa prática mágica, ao usar incenso de exorcismo em uma moradia, abra todas as portas e janelas. Se tiver medo de ladrões, só o cheiro deve mantê-los distantes; mas você pode proteger o local também.

Ervas, Plantas, Flores que Atam

Mirra
Sementes de papoula negra
Bagas de sabugueiro
A seiva da mirta
* Arruda
Oxalis
Espinheiro
Zimbro (Junípero)
* Teixo
* *Cactus de solenaceae*
* Meimendro
* Datura
* Pinheiro do Canadá
Urtiga
Cardo

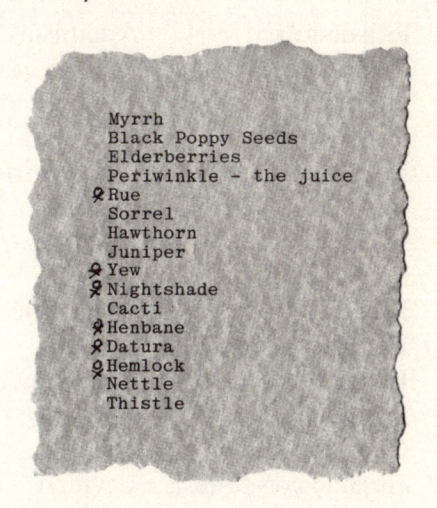

```
Myrrh
Black Poppy Seeds
Elderberries
Periwinkle - the juice
Rue
Sorrel
Hawthorn
Juniper
Yew
Nightshade
Cacti
Henbane
Datura
Hemlock
Nettle
Thistle
```

Ervas marcadas com asterisco (*) são perigosas, não as ingira (nem inale).

Magia para atar é às vezes necessária, mas é muito perigosa e pode levar a graves consequências. Consulte seus deuses, seu professor/sua professora e seus companheiros wiccanos, assim como sua própria consciência, antes de embarcar em magia para atar. Ela não deve ser feita de forma leviana. Apenas em momentos de maior necessidade pode ser usada.

Lembre-se das palavras de seu juramento!

Ervas, Plantas, Flores de Amor

Filipêndula	Artemísia
Mandrágora	*Senecio jacobaea*
Jasmim	Violeta
Bergamota	Mirta
Rosa	Raiz de lírio florentino
Basílico	Verbena
Lavanda	Cinco-em-rama
Maçã	Alecrim
Milefólio	Sangue-de-dragão
Bálsamo de limão	Murta
Laranja	Centaurea/espinheiro azul
Cuminho	Coentro
Cuminho persa	Ínula
Gerânio cor-de-rosa	Levítico
* Kava-kava	Favas de Tonka
Manjerona	Endívia
Áster	Bálsamo de Gilead
* Meimendro	

Para encorajar o amor a entrar na vida de alguém. Ervas marcadas com asterisco (*) são perigosas, não as ingira (nem inale).

HERBS, PLANTS, FLOWERS OF LOVE

   Meadowsweet
   Southernwood
   Mandrake
   Satyrion
   Jasmine
   Violet
   Bergamot
   Periwinkle
   Rose
   Orris Root
   Basil
   Vervain
   Lavender
   Tormentil
   Apple
   Rosemary
   Yarrow
   Dragon's Blood
   Lemon Balm
   Myrtle
   Orange
   Bachelor's Buttons
   Cumin
   Coriander
   Caraway
   Elecampane
   Pink Geranium
   Lovage
⚥ Kava Kava
   Tonka Beans
   Marjoram
   Endive
   Aster
   Balm of Gilead
☠ Henbane

To encourage love to come into one's life.

Ervas, Plantas, Flores de Adivinhação

Artemísia
Folhas de freixo
Louro
Bistorta
Euphrasia
Calêndula
Solidago
Anis-estrelado
Tomilho
Absinto
Milefólio
Cânhamo
Patchuli
Botões de rosa
Anis
Heliotrópio
Lilás (flor)
Acácia
Anis
Canela
* Noz-moscada
Chicória
Trevo-de-cinco-folhas
Resina de aroeira
Sândalo

    Ervas marcadas com asterisco (*) são perigosas, não as ingira em grande quantidade (nem inale).

    Incensos, banhos, etc. No caso dos incensos, queime apenas pequenas quantidades, e antes da operação em si.

HERBS, PLANTS, FLOWERS OF DIVINATION

Mugwort
Ash Leaves
Bay laurel
Bistort
Eyebright
Marigold
Goldenrod
Star Anise
Thyme
Wormwood
Yarrow
Hemp
Patchouli
Rosebuds
Anise
Heliotrope
Lilac
Acacia
Anise
Cinnamon
⚥ Nutmeg
Chicory
Cinquefoil
Gum Mastic
Sandalwood

Incenses, baths, etc. For incenses, burn small amounts only, and prior to the operation itself.

Ervas, Plantas, Flores de Desejo Sexual

Alecrim
Coentro
Cenouras
Aipo
Endro
Cuminho persa
Gengibre
Ínula
Menta
Açafrão
Estragão
Cravo-da-índia
Lavanda
Patchuli
Baunilha
Canela
Cacau
Abacate
Cardamomo

* Kava-kava
Cuminho
Endívia
Papoula (semente)
Hortelã
Alcaparra
Pinho
Amêndoa
Pimentão
Gergelim
Baunilha
Flores de gengibre
Almíscar
Tuberosa
Violeta
Tomate
Banana
Mamão papaia
Maçã

Ervas marcadas com asterisco (*) são perigosas, não as ingira (nem inale).

Tome cuidado!

HERBS, PLANTS, FLOWERS OF LUST

Rosemary
☿ Kava Kava
Coriander
Cumin
Carrots
Endive
Celery
Poppy (seed)
Dill
Peppermint
Caraway
Capers
Ginger
Pine
Elecampane
Almond
Mint
Pimento
Saffron
Sesame
Tarragon
Vanilla
Clove
Ginger Blossoms
Lavender
Musk
Patchouli
Tuberose   Banana
Vanilla   Avacado
Violet   Banana
Cinnamon   Cardamom
Tomato   Apple
Cocoa Bean   Papaya

Careful!

Ervas contra Relâmpagos

Azevinho
Samambaia
Salsa
Espinheiro
Sabugueiro
Groselha
Sempre-viva
Visco
Carvalho
Sorveira-brava

Use em rituais de proteção contra relâmpagos, misturas.

Ervas, Plantas, Flores de Fertilidade

Aspargo
Bolota de carvalho
Pepino
Nogueira
Figo
Pinho cone
Papoula (semente)
Maçã

Coma-as ou use-as em rituais projetados para aumentar sua própria fertilidade ou como símbolos de fertilidade durante celebrações.

Óleos

Tornou-se bem popular o uso de óleos essenciais para fins mágicos. Tais práticas, com frequência consideradas antigas, realmente têm sua origem há milhares de anos; mas apenas recentemente foram disponibilizados genuínos óleos botânicos sintéticos para propósitos ritualísticos.

Óleos perfumados eram usados na Antiguidade, ao se aquecer as plantas aromáticas, colocando-as em óleos ou gorduras. O aroma da planta era transferido para o óleo e, assim, este ficava perfumado.

Muitas pessoas comentam que gostariam de fazer seus próprios óleos. Infelizmente, este é um processo difícil. Por quê? Eis aqui alguns motivos:

- requer um grande investimento em equipamentos;
- requer grande quantidade de plantas frescas;
- o processo deve ser realizado cuidadosamente para atender aos padrões exatos;
- com frequência, os resultados não valem o investimento de tempo e dinheiro.

Há alguns óleos de plantas que podem ser extraídos sem muita dificuldade. Quanto ao restante, simplesmente compre e misture óleos de boa qualidade para uso ritual.

É melhor usar apenas óleos essenciais genuínos, autênticos em magia. Eles contêm a soma das energias mágicas da planta e são os mais eficazes. É verdade que não são baratos, mas duram mais tempo porque apenas pequenas quantidades se fazem necessárias.

Não há nenhum segredo mágico para misturar os componentes dos óleos mágicos. Eis aqui o método básico:

- junte os óleos essenciais (e buquês) pedidos na receita;
- em um jarro limpo e esterilizado, adicione ⅛ de uma xícara de óleo vegetal. Descobri que o óleo de jojoba funciona melhor por não ser realmente um óleo, mas sim uma forma líquida de cera; nunca fica rançoso e pode ser mantido por períodos de tempo mais longos;
- usando um conta-gotas, acrescente os óleos nas proporções recomendadas;
- agite os óleos essenciais no óleo-base, não mexa. Gire gentilmente o óleo na direção horária;
- por fim, armazene todos os óleos longe do fogo, da luz e da umidade.

Excerto extraído de *O Livro Completo de Óleos, Incensos e Infusões*, de Scott Cunningham.

Óleo do Sabbat

Verbena		Basílico
Trevo-de-cinco-folhas	ou	Trevo-de-cinco-folhas
Salsa		Botões de flores de álamo (choupo)
		Açoro

Com frequência, em tempos antigos, adicionava-se fuligem. Misture bem e deixe descansar durante três semanas, trocando as ervas a cada três dias. Despois, filtre e exponha a mistura à luz da Lua Minguante durante três noites.

Use para o Sabbat, untando os 13 pontos tradicionais:

Solas dos pés
Curvas dos joelhos
Base da coluna
Genitais
Pulsos
Sobre o coração
Os seios
Sob o queixo
A testa

Óleo de almíscar, cravo ou olíbano é geralmente adicionado para melhorar o aroma, caso não esteja satisfatório. Algumas receitas mais modernas:

Óleo de oliva		Patchuli
Almíscar	ou	Almíscar
Canela		Cravo

Óleo de Admissão

Olíbano
Mirra
Sândalo

Combine as essências. Coloque-as em um frasco e deixe descansar por um mês lunar. Unte aquele que busca ser admitido no coven/candidato à admissão de acordo com as tradições.

Óleo Solar

Canela
Olíbano
Gengibre azul

Use-o para invocar as forças interiores masculinas.

Óleo Lunar

Gardênia
Jasmim
Lótus

Use-o para invocar as forças interiores femininas.

Óleo para a Visão Distante

Acácia
Cássia
Anis

Use-o para ajudar na clarividência.

Óleo de Cura

Sândalo
Cravo (Flor)
Alecrim

Misture bem e despeje em um jarro de vidro verde. Deixe descansar por sete dias, cuidando para que receba a luz do Sol durante o dia e a luz da Lua à noite.

Óleos dos Quatro Ventos

Vento Leste, o vento da inteligência: Lavanda
Vento Sul, o vento da paixão e da mudança: Almíscar
Vento Oeste, o vento do amor e das emoções: Rosa
Vento Norte, o vento de riquezas e estabilidade: Madressilva

Óleo para Sonho Profético

½ xícara de óleo de oliva
1 pitada de canela
1 pitada de noz-moscada
1 colher de chá de anis

Aqueça até ficar morno, mas não quente; filtre. Aplique na testa e nas têmporas antes de dormir.

Óleo de Proteção

Alecrim
Rosa
Gerânio
Cipreste

Use conforme a necessidade. Faça a mistura durante a Lua Crescente.

Óleo de Vênus

Jasmim
Rosa } base, partes iguais

Ylang Ylang
Gardênia
Violeta } umas poucas gotas

Seu próprio elo – uma gota

Lavanda
Almíscar } uma gota de cada é o suficiente

Esta fórmula é *somente para mulheres*. Unte as genitais, a base da coluna, as palmas das mãos e os seios.

(Observação: *elo* = sangue, suor, sêmen, etc.)

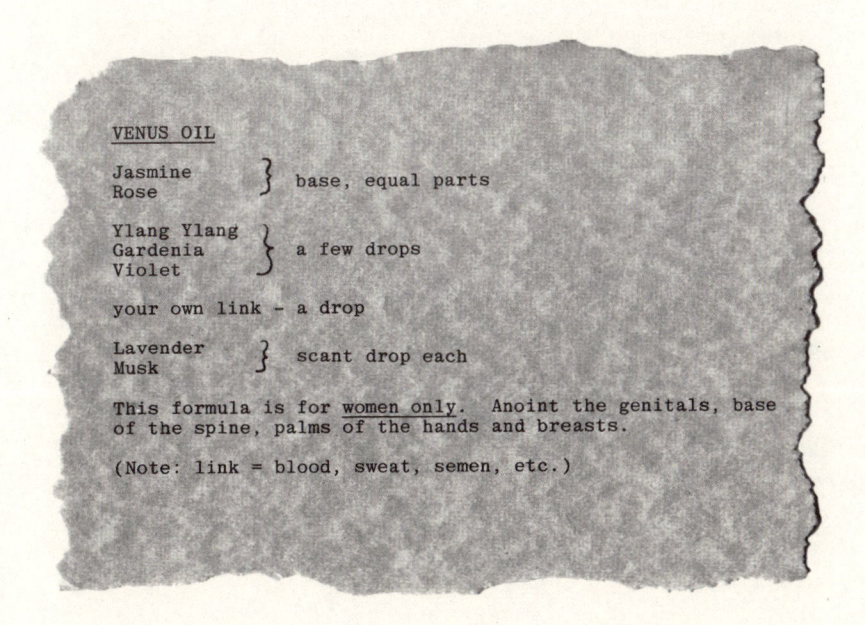

VENUS OIL

Jasmine
Rose } base, equal parts

Ylang Ylang
Gardenia
Violet } a few drops

your own link – a drop

Lavender
Musk } scant drop each

This formula is for <u>women only</u>. Anoint the genitals, base of the spine, palms of the hands and breasts.

(Note: link = blood, sweat, semen, etc.)

Óleo de Sátiro

Almíscar
Patchuli } base, partes iguais

Algália
Âmbar cinza } umas poucas gotas
Canela

Seu próprio elo – uma gota

Pimenta inglesa } uma gota de cada é o suficiente
Cravo (flor)

    Prepare de acordo com as instruções anteriores, começando com o almíscar e o patchuli.
    Esta fórmula é *somente para homens*. Unte os genitais, as palmas das mãos e a base da coluna.

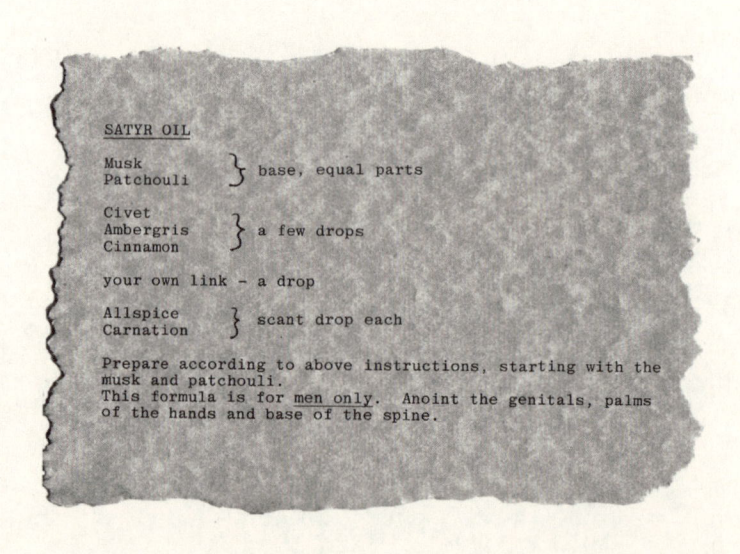

```
SATYR OIL

Musk       } base, equal parts
Patchouli

Civet
Ambergris  } a few drops
Cinnamon

your own link - a drop

Allspice   } scant drop each
Carnation

Prepare according to above instructions, starting with the
musk and patchouli.
This formula is for men only.  Anoint the genitals, palms
of the hands and base of the spine.
```

Óleos Essenciais

Por motivos de conveniência, esses óleos são listados por seus poderes específicos. Use estas listas para substituição em receitas ou na formulação de suas próprias receitas.

Alguns dos óleos são listados em mais de uma categoria simplesmente por terem diversos poderes.

Concentração

Madressilva
Lilás (flor)
Alecrim

Coragem

Gerânio cor-de-rosa
Almíscar
Íris

Fertilidade

Almíscar
Verbena

Harmonia

Basílico
Gardênia
Lilás (flor)
Narciso

Cura

Cravo (flor)
Eucalipto
Lótus
Mirra
Narciso
Alecrim
Sândalo
Violeta

Altas Vibrações

Acácia
Canela
Cravo-da-índia
Olíbano
Jasmim
Mirra
Sândalo

Amor

Cravo-da-índia
Gardênia
Jasmim
Lírio florentino

Óleos Magnéticos

Mulheres usam:
Âmbar cinza
Gardênia
Flor de gengibre
Jasmim
Tuberosa
Violeta

Homens usam:
Folha de louro
Algália
Almíscar
Patchuli
Vetiver

Meditação

Acácia
Jacinto
Jasmim
Magnólia
Mirra
Noz-moscada

Dinheiro
Bayberry (*Myrica*)
Madressilva
Menta
Verbena

Novos começos
Feno recém-cortado

Paixão
Canela
Cássia
Cravo-da-índia
Lavanda – aumenta o desejo do homem
Almíscar – aumenta o desejo do homem
Óleo de néroli – aumenta o desejo do homem
Patchuli
Stephanoti – aumenta o desejo da mulher
Baunilha
Violeta – aumenta o desejo da mulher

Paz
Benjoim
Gardênia
Magnólia
Rosa
Tuberoso

Poder
Cravo (flor)
Alecrim
Baunilha

Proteção
Cipreste
Mirra
Patchuli
Rosa
Gerânio
Alecrim
Arruda
Violeta

Poderes Psíquicos
Acácia
Anis
Cássia
Heliotrópio
Lilás (flor)
Mimosa
Tuberoso

Relembrar Vidas Passadas
Lilás (flor)
Sândalo

Vibrações Espirituais (para Desenvolvimento Espiritual)
Heliotrópio
Lótus
Magnólia
Vitalização
Pimenta-da-jamaica
Cravo (flor)
Alecrim
Baunilha

Banho Ritualístico
Verbena
Hortelã
Basílico
Tomilho
Funcho
Lavanda
Alecrim
Orégano
Valeriana

Use um pouco menos de valeriana; com o restante, partes iguais. Misture-os e coloque em saquinhos para banho durante a Lua Crescente. Feche os saquinhos com fita vermelha e use um para cada banho. Faça vários, para que tenha um bom estoque à mão.

O Banho

Encha a banheira com água morna, adicione um punhado de sal marinho, um pouco de vinagre de maçã e o saquinho de banho com ervas. Deixe as ervas soltarem um pouco de cor na água. Relaxe e drene toda tensão, sujeira e lixo psíquico de si mesmo. Esfregue sua pele com o saquinho para liberar os óleos contidos nas ervas e levante-se. Tire o excesso de água e saia da banheira renovado, pronto para realizar um trabalho de adoração, harmonia ou magia.

Saber Mágico, Feitiços e Rituais

Um feitiço é um ritual mágico. Em geral não possui natureza religiosa e, com frequência, envolve o uso de símbolos ou ações e palavras simbólicas. Trata-se de uma série de movimentos, uso de instrumentos e processos internos específicos (como a visualização), de modo a criar uma manifestação específica.

Um feitiço é um feitiço. Feitiços antigos não são mais eficientes do que os novos feitiços. No entanto, para manifestar sua necessidade, o feitiço deve ser projetado para realizar três coisas:

a) aumentar o poder pessoal (e, na magia natural, unir-se com o poder da terra);
b) programar esta energia (por meio da visualização).
c) liberar a energia.

Este livro está repleto de feitiços de todos os tipos. Cada um é projetado para a realização dessas três coisas, mas eles precisam da ajuda do mago. Um feitiço é verdadeiramente mágico apenas nas mãos de um mago. Uma vez que você tenha começado a praticar a magia, você é um mago.

Excerto de *Earth, Air, Fire & Water* [Terra, Ar, Fogo & Água], de Scott Cunningham.

Os Lugares onde a Magia é Realizada

Os locais mais adequados para a realização de magia são os escondidos, remotos e separados dos locais dos homens. Regiões desoladas e não habitadas são mais apropriadas, como margens de lagos, florestas, ilhas, montanhas, cavernas, grutas e desertos. Árvores atingidas por relâmpagos, antigos aterros, pedras que permanecem em pé e encruzilhadas em que três estradas se encontram, o domínio de Diana, também são apropriados.

No entanto, se tais lugares forem remotos ou se alguma força impedir a realização de magia nesses locais, sua casa, jardim ou, na verdade, qualquer lugar, contanto que seja purificado e consagrado com as cerimônias necessárias, será adequado aos olhares dos deuses.

Essas artes devem ser realizadas à noite; é o momento de maior poder lunar, além desse momento funcionar também como um símbolo de que é justo e certo ocultar a magia dos olhos dos tolos, ignorantes e profanos.

Os Locais de Magia

O deserto é o local dos extremos; é um lugar do masculino, poderoso, intelectual, mágico, filosófico. Como tal, é excelente para meditação, visualização e para harmonizar-se com os ventos, o Sol e o fogo. Também é ótimo para chamar as salamandras, os silfos e o Deus.

A praia é o lugar de energia feminina, em que o mar e a terra, os dois elementos femininos, se encontram. É própria para o crescimento espiritual, a magia emocional, as invocações, o esclarecimento, a profecia, as iniciações, a magia amorosa, a cura; para harmonizar-se com os ciclos da vida em si no mundo. Também é um excelente lugar para chamar as ondinas e invocar a Deusa.

O topo da montanha é o lugar para os rituais solares; para harmonizar-se com a grandeza de todas as coisas, para tirá-lo de sua vida e analisá-la sem preconceito; para buscar a verdade, para sucesso na vida material.

A caverna é o lugar dos mistérios femininos; representa o útero e, portanto, a Deusa. É um lugar muito sagrado e deve-se tomar cuidado para que as emoções não sejam exauridas enquanto se estiver dentro de uma caverna. Uma caverna próxima ao mar ou uma gruta é, sem sombra de dúvidas, poderosa; nesses lugares, iniciações são, com frequência, realizadas. É um excelente lugar para fazer pedidos aos Gnomos ou, em cavernas próximas ao mar, que tenham as águas do oceano fluindo para dentro e fora de si, às Ondinas.

A árvore queimada ou atingida por um relâmpago é um ponto de energia masculina e, sendo assim, é perfeita para rituais de banimento de todos os tipos.

Pedras que permanecem em pé, antigos aterros, montes e todo tipo de sítios arqueológicos bem antigos ou pré-históricos são bons para a realização de trabalhos se as vibrações e a magia do local forem boas e estiverem em harmonia com você e com aqueles que com você trabalham.

Círculos de Pedra podem ser lugares excelentes também, mas, novamente, verifique-os para certificar-se de que não haja nenhum tipo de mal dentro deles.

Para Ver Trilhas Sagradas (ou de Poder)

Fique em pé em uma colina ou penhasco bem alto. Deixe seus olhos semicerrados; com a mente calma, observe linhas de brilho suave atravessando a paisagem. Essas aparentam cortar e passar direto por arbustos, casas ou montanhas; brilham em tom de azul ou verde, ou ainda amarelo-dourado. O melhor momento para fazer isso é no verão, ao nascer ou ao pôr do Sol e, melhor ainda, na véspera do Midsummer.

Se outros tiverem visto essas mesmas trilhas, podem tê-las marcado com pedras, construções, estradas, cercas, cercas vivas, etc. Mas você pode descobrir linhas energéticas nunca antes conhecidas. Boa sorte!

Previsões do Tempo

Bom

Céu vermelho à noite
Lua Crescente com as pontas voltadas para cima
Corujas piando à noite
Neblina no vale
Relâmpago vermelho
Mosquitos indo de um lado para o outro
Fumaça subindo da fogueira em linha reta
Nuvens que parecem lã
Arco-íris no início da noite
Morcegos saindo no início da noite
Pássaros saindo de seus esconderijos

Com Vento

Sol ardente ao pôr do Sol
Pontas afiadas na foice lunar
Mar agitado; ondas cobertas de espuma branca
Trovão na manhã
Folhas farfalhando na floresta
Teias de aranha no ar
Cardos flutuando na água
Garças voando acima das nuvens
Patos batendo as asas

Chuva

Listras amarelas no céu ao pôr do Sol
Rãs grasnando
Neblina escura sobre a Lua
Estrelas cintilantes
Céu vermelho de manhã
Folhas com suas partes de trás à mostra
Corvos agitando suas asas
Pássaros voando para longe
Ovelhas correndo
Grilos cantando

Tempestade

Estrelas cadentes
Lobos uivando
Sol pálido ao nascer
Tentilhões e pardais cantando na alvorada
Ar seco
Pássaros voando, vindos do mar
Abelhas que não saem de suas colmeias
Ratos saltando
Cães rolando pelo chão

Inverno Difícil pela Frente

Árvores segurando suas folhas no outono
Pele grossa na maçã
Pássaros partindo prematuramente
Colheita abundante de bolotas
Grande estoque de mel
Plantas crescendo e ficando bem altas

Para Ver se a Chuva Terminou

Se a chuva parou, mas você gostaria de saber se não vai voltar, olhe para o céu. Se vir pássaros nele, é um bom sinal de que parou de vez. No entanto, para ter certeza, observe os pássaros voando. Diga em voz alta:

Pássaros do ar
Voando descuidados.
Vai chover aqui?
Vai chover aí?

Caso voarem para longe, pare de cantar e olhe atentamente em direção para onde foram:

Para o Leste, claro o céu ficará
Para o Sul, tempestade você ouvirá
Para o Oeste, a chuva nunca vai parar
Para o Norte, o Sol virá

Conectando-se com o Poder das Estrelas

Sente-se sob as estrelas em uma noite clara, mas quanto mais quente, melhor, pois o tempo mais fresco dificulta a conexão com os poderes.

Banhe-se na luz das estrelas; sinta a luz brilhante, branco-azulada, fluindo por seu corpo, de cima até embaixo. Ela é cálida, aquece seus músculos, faz com que você relaxe e, ainda assim, lhe infunde uma grande energia. Lembre-se de que estrelas são sóis distantes e que ainda assim nos afetam e ao nosso mundo.

Para propósitos de visualização, veja um campo estrelado em sua mente. Escolha uma estrela e vá na direção dela. Estique as mãos à sua frente e absorva o máximo de energia da estrela que puder através delas. Você não deve abordar a estrela muito de perto; quando suas mãos começarem a arder, estará perto o bastante. Continuar seria algo tolo de se fazer. Pare e prenda o poder em suas mãos. Volte para seu corpo e libere a energia agitando as mãos, concentrando-se em sua intenção mágica. Assim há de ser.

Para propósitos de comunicação, deite-se na terra em uma noite de céu relativamente claro ou sem nuvens. Nas montanhas ou no deserto ou longe de lugares habitados é melhor, pois o céu ficará mais claro por falta de luzes por perto. Observe as estrelas acima de você, pegando os padrões a princípio, vendo como certas estrelas formam figuras no céu. Em seguida, disperse sua concentração; livre-se de sua mente consciente, limpe todo o resto, exceto as estrelas. Abra-se para a comunicação; saiba o que as estrelas têm a dizer a você.

As Marés e o Oceano

Realize feitiços positivos, produtivos, quando a maré estiver enchendo. Realize feitiços destrutivos ou de banimento quando a maré estiver abaixando.

A maré alta é o melhor momento para a realização de todos os feitiços; consiga uma tábua das marés e marque no calendário, em meados de quando você deseja realizar seu feitiço, a maré mais alta. Caso puder fazer o feitiço na maré mais alta do mês, é melhor ainda.

Quem mora perto de um local com uma grande quantidade de água possui faculdades de clarividência mais fortes do que aqueles que vivem longe da água.

Conchas

Conchas são símbolos da Deusa, além de serem excelentes presentes. Use-as em volta do pescoço para honrá-la ou abençoe as conchas e passe-as para amigos. Elas também podem ser utilizadas para simbolizar a Deusa no altar ou inclusive para servir de recipiente para o sal ou a água no altar. Elas são utilizadas para atrair dinheiro e prosperidade ou para induzir a fertilidade.

Encoste o ouvido no orifício de grandes conchas univalves para indução a um estado de clarividência. Os sons ouvidos são chamados de "a voz do mar".

Ao fazer rituais na praia, o Círculo pode ser marcado com conchas.

A Pedra Furada ou a Pedra das Bruxas

Na praia, ache uma pedra com um furo; um que a trespasse de um lado a outro. Esta pedra é valiosa em magia de diversas maneiras. Pendure-a em casa ou em volta do pescoço como proteção. Pode ser colocada no altar como símbolo da Deusa Diana ou mergulhada na água para abençoá-la e purificá-la. Se você deseja ver espíritos, leve a pedra até um cemitério, ou aonde acreditar haver espíritos, e olhe através do furo, mantendo o outro olho fechado. Isso também pode ser usado para facilitar a visão astral em geral, onde quer que você esteja. Todavia, é melhor realizar isso à noite. Pode-se também colocá-la próxima à orelha para facilitar a audição astral. A pedra furada, além de não ter preço, é uma dos instrumentos mais valiosos dos wiccanos, uma dádiva da Deusa.

As Quatro Formas Básicas de Magia

A Imagem (bonecas, raízes, figura, símbolos, runas)
A Mistura (poções, óleos simples e compostos, incenso)
O Nó (cordão mágico)
O Encanto (amuletos e talismãs, ervas, pedras, símbolos)

Pegue uma vela preta. Chame-a pelo nome da pessoa que está lhe causando mal ou cujo poder esteja lhe causando mal. A seguir, pegue-a nas duas mãos e quebre. Derreta-a ou enterre-a e as coisas deverão melhorar. Isso não irá ferir ninguém; apenas impedirá que o mal lhe alcance – ou a pessoa em nome de quem está fazendo o trabalho.

Escreva o que você deseja em um pedaço de papel, usando uma figura, runas, palavras, imagens, etc. Em seguida, coloque a erva apropriada no centro do papel. Embrulhe, prendendo as extremidades, e jogue o pacote em um fogo muito quente, declarando ou imaginando seu desejo, que deverá ser realizado. Isso é chamado de "pedido". Sempre agradeça aos deuses pelo que receber.

Os Fluidos Mágicos do Corpo

Se você for destro(a):
Sua mão direita é "elétrica" (masculina, no comando, vibrante, física).
Sua mão esquerda é "magnética" (feminina, passiva, que acalma, espiritual).
Use sua mão direita para direcionar poder, para segurar, erguendo seu athame; ou use-a no lugar do athame, caso ele não esteja com você. Envie energia para fora através de sua mão direita e absorva com a esquerda.
Caso for canhoto(a), os atributos acima devem ser inversos.
Quando você infunde um objeto com poder, energia ou um propósito especial, lacra a energia naquele objeto. Quando isso for feito, certifique-se de estabelecer uma liberação ou chave para que a energia possa ser liberada a qualquer momento, mentalmente. Isso é de grande ajuda quando se está doente demais ou incapacitado de alguma outra forma para fazer esse levantamento energético. Você pode conectar-se

com a energia que armazenou em momentos de necessidade. Não é necessário ter o objeto com você; na verdade, nem é preciso ser um objeto propriamente dito. No entanto, se você mentalizá-lo no plano astral, certifique-se de que consegue imaginá-lo exatamente como o fez quando lá deixou a energia.

Magia das Cores

Magia do Vermelho: questões corporais, tanto do ser humano como de animais, incluindo medicina, estratégia, caça, força física, poder e zoologia.

Magia do Laranja: questões de força do ego, materialismo, orgulho, autoconfiança, coragem, segurança.

Magia do Amarelo: faculdades mentais, matemática, filosofia, aprendizado, formulação de teorias.

Magia do Verde: fertilidade, criatividade, beleza, arte, agricultura, herbalismo.

Magia do Azul: religião, percepção extrassensorial, espiritualismo, fenômenos psíquicos, ciências sociais, profecia.

Magia do Índigo: fazer chover, assim como todos os trabalhos com o tempo, astronomia, astrofísica, viagem no tempo, exploração espacial.

Magia do Roxo: amor, desejo sexual, ódio, medo, raiva, êxtase, política.

Magia do Ultravioleta: poder puro.

Magia do Marrom: materialismo, animais, ecologia, caça, a magia das madeiras e dos vales.

Este é um método bem moderno de dividir em categorias os significados mágicos por cores. A seguir apresentamos outro sistema, menos organizado, mas muito eficiente. Use a cor indicada de alguma forma em seu ritual e ele será muito mais potente. Os poderes das cores não devem ser subestimados.

Fertilidade	Verde
Proteção	Branco
Poder	Roxo, vermelho
Paz	Branco
Riqueza	Verde
Amor	Verde, cor-de-rosa
Paixão	Vermelho
Prazer	Verde
Sexo	Dourado
Honra	Branco, amarelo

Viagem	Preto
Perda	Preto
Morte	Vermelho
Mudança	Azul
Vida	Vermelho
Saúde	Azul
Guerra	Vermelho
Conflitos	Vermelho
Adivinhação	Amarelo
Sucesso	Dourado
Feminilidade	Verde, prata
Masculinidade	Vermelho, dourado
Coragem	Vermelho
Paciência	Verde
Criatividade	Amarelo
Otimismo	Vermelho
Compaixão	Azul
Responsabilidade	Vermelho
Confiança	Vermelho
Tranquilidade	Verde, Azul-claro

Magia do Cordão

Pegue um cordão da cor certa para a intenção envolvida e coloque-o no altar ou no chão, formando a imagem daquilo que você deseja: um carro, dinheiro, paz, o que quer que seja. Envie poder e assim será.

Usando o Tarô em Magia

Há um método de uso de cartas do Tarô em magia; mas, nesse método, a carta em si é consumida pelos elementos; portanto, pode ser um método caro, mas muito eficaz.

O procedimento começa com a meditação sobre cada uma das 78 cartas. Sente-se em silêncio com a carta à sua frente [ou na mão], olhando fixamente para seus símbolos, e faça a seguinte invocação mental: para que eu poderia usar essa carta em magia? Registre o uso mágico de cada carta em um caderno. Faça isso com uma carta por noite durante 78 noites. Depois disso, compre diversos maços de cartas do Tarô por você escolhido para meditar sobre elas.

Agora você está pronto(a) para usar o Tarô. Para isso, deve escrever seus próprios rituais. Por exemplo, se estiver fazendo um feitiço para atrair amor, o Dois de Copas poderia ser uma carta apropriada. Visto ser o amor um atributo da Água, você poderia ungir a carta com óleo de lótus, embrulhá-la em seda na cor azul e jogá-la ao mar, implorando aos Silfos que lhe concedam um amor. Crie um cântico a ser usado juntamente com o ritual.

Todas as cartas podem ser usadas, de forma similar a essa, em harmonia com o elemento ou com o planeta envolvido. Caso estiver desejando livrar-se de um mau hábito, escolha a carta que represente mais apropriadamente esse hábito e, depois de nomeá-lo ou descrevê-lo ritualisticamente, corte-a em pedaços, queime-os e enterre as cinzas, etc., dependendo de cada tipo de ritual.

Nesse tipo de magia, a carta em si deve ser destruída ou enviada a um dos elementos, para que o poder da imagem seja transferido para o rito. Eis por que você deve ter vários maços de cartas de Tarô disponíveis para uso.

Há outro tipo de magia com Tarô em que a carta é usada como amuleto ou talismã. Se uma pessoa está buscando mestria sobre os elementos, por exemplo, ela poderia costurar um saquinho com um tecido que incorpore todas as quatro cores dos elementais em seu padrão e colocar a carta O Carro nele. Este amuleto deve ser ungido com os óleos adequados e levado consigo enquanto ela estiver trabalhando com os elementos.

Ou, se uma pessoa estiver tendo problemas em sua mente, ela poderia portar a carta Ás de Espadas (ou Paus, se ela atribuir este símbolo ao reino do Ar, como muitos wiccanos o fazem).

Essa apresentação é apenas um esboço do sistema de magia, pois o sistema é algo muito pessoal. Adaptá-lo ao seu próprio modo de trabalhar pode lhe proporcionar excelentes resultados.

A Cura

Ate a parte afetada do corpo (isto é, a mão, o braço, outro membro, torso, etc.) com cordão vermelho ou preto. Prenda-a bem, dizendo o seguinte:

Não ato o(a) (nome da parte do corpo). Ato a doença que lá reside para que possa sair da carne e do espírito desta pessoa e entrar no cordão. Grande Mãe Cerridwen e Cernunnos, o Cornífero, ajudai-me em meu trabalho aqui. A doença está presa no cordão; somente as chamas podem liberá-la daqui em diante! Que assim seja!

Solte o cordão, tocando nele apenas o mínimo necessário. Jogue-o no fogo. Visualize a doença derretendo, evaporando no fogo; está sendo purificada nas chamas. Isso requer intensa concentração, mas funciona.

A Cura 2

Pegue um bom e forte ímã e passe-o pelo local afetado várias vezes enquanto se concentra; o ímã absorve a doença. Depois, enterre-o durante 13 dias no bosque, longe de seres vivos. Ou então coloque um ímã na cama e deixe que absorva a doença lentamente. Ou ainda, use um ímã. Sempre o enterre durante 13 dias, de forma a liberar a doença; depois, purifique-o e ele pode ser usado novamente, se ainda não tiver perdido seu poder.

O Feitiço do Trevo

Quando quiser que um desejo lhe seja concedido, vá até uma colina em que nasçam trevos de quatro folhas. Pegue cinco deles por seus caules e erga-os ao céu, dizendo:

Senhor do Dia, Senhora da Noite, possam sorrir em face do meu rito.

Então, volte-se para o Norte e, enquanto joga um dos trevos nessa direção, declare seu desejo. Em seguida, repita o procedimento para Leste, Sul e Oeste. Quando tiver terminado, volte-se para o Norte novamente e coma o quinto trevo. Assim como ele se tornou uma parte de você e de sua vida, assim há de acontecer com seu desejo.

Para Encontrar um Objeto Perdido

Deixe sua mente tranquila. Fique em pé no lugar onde você acha que perdeu o objeto. Em seguida, estique sua mão, sem pensar em para onde você a está esticando ou para qual direção. Há chances de que estique suas mãos para a direção onde o objeto está.

Para Fazer Alguém Mudar de Ideia

Olhe para a cabeça da pessoa. Veja-a ficar límpida, transparente. Veja a poeira dentro dela, a poeira dos maus hábitos e dos maus pensamentos dela, os destrutivos. Faça uma limpeza com um espanador astral (um espanador astral vermelho, feito de chamas). Ele vai queimar e espantar todas as coisas ruins da mente daquela pessoa — apenas as coisas ruins, não as boas. Quando tiver terminado, remova o espanador de chamas e a cabeça deve ficar opaca novamente. Está feito, mas isso é manipulação e deve ser usado apenas com muita cautela.

Cântico para Voar

Voe, voe, voe, por aí!
Sobre as Montanhas,
Sobre os Mares!
Lá embaixo nos Vales,
Em meio às altas Árvores!

Entoe o cântico para produzir a projeção astral.

A Ser Dito durante a Fase Negra da Lua

Entoe uma prece para a Lua quando Ela estiver prateada
Do mal serás livrada
O que agora lhe causa o mal há de atado ser
Fundo, bem fundo no solo há de descer.

Em uma folha de papel em branco, escreva, com uma caneta sem tinta e suco de limão, o seu desejo (que determinada pessoa venda sua casa, seja mais amigável, etc.). Faça isso com cuidado. Deixe secar. Agora digite ou escreva sua carta normalmente em cima disso. Embora não consiga ver a escrita, invisível, a mente subconsciente da pessoa há de ler a mensagem e esta será eficaz. Isso funciona com cartas, memorandos, cartões, etc. Você também pode usar o caule de uma planta que tenha bastante seiva para escrever.

Para Quebrar um Feitiço Lançado sobre Você

Beba água com sal.

Lembretes Mnemônicos

Dê um nó em um cordão amarelo para cada coisa que deve ser lembrada no dia. Faça isso pela manhã. Concentre-se. Veja a si mesmo lembrando-se de cada coisa, conforme se fizer necessário. Carregue consigo o cordão e desate um nó a cada vez que se lembrar de uma das coisas.

Coloque uma conta, uma pedrinha ou algum outro objeto pequeno no bolso para cada coisa de que deseja se lembrar. Jogue um fora a cada vez que se lembrar de uma delas.

Para Remover Obstáculos, Maus Hábitos, Problemas

Dê um nó em um cordão preto para cada problema na fase negra da Lua, queimando-o em seguida. Enterre as cinzas. Conforme forem subindo as chamas, o mesmo há de acontecer com seus problemas. É melhor trabalhar sobre um problema de cada vez; quando um for resolvido, siga para a próximo. Isso é o que se quer dizer com "poder compartilhado é poder perdido"; em outras palavras, se você trabalhar em muitos projetos, sua energia fica dividida; concentre-se em uma coisa de cada vez e sua magia há de florescer.

Antigos Truques Mágicos – As Verdadeiras Operações Mágicas Envolvidas

Ouvir o Vento – clarividência
Voar – projeção astral
Fazer as Pedras Falar – psicometria
Mudança de Forma – transferência mental, ilusão (quando outros o veem)
Invisibilidade – projeção astral
Água para Vinho – ilusão

Magias de ilusão eram frequentemente usadas para espantar inimigos, ou para sair de uma situação complicada. Nunca por "diversão", mas sim, sempre, com seriedade.

O Espelho Mágico

Ache um bom espelho redondo, de 30 a 70 centímetros de diâmetro. O ideal seria que ele estivesse dentro de uma moldura similar, redonda, pintada de preto, mas serve o que conseguir encontrar.

Depois de comprar o espelho (sem barganhar o preço), leve-o para casa e lave a face dele com cuidado, com um caldo de artemísia. Para fazer o caldo de artemísia, deixe em infusão uma colher de sopa de artemísia em três xícaras de água quente durante 13 minutos. Coe e resfrie antes de usar.

Quando o espelho estiver seco, cubra-o com um tecido na cor preta e deixe-o em um local em que ninguém o toque até a Lua Cheia.

Nessa noite, exponha o espelho aos raios lunares, de preferência do lado de fora de casa; ou através de uma janela, se isso não for possível. Carregue o espelho ritualístico desenhando círculos sobre ele com as mãos, com as palmas voltadas para baixo, a mão direita movendo-se na direção horária, e a esquerda, na direção anti-horária, e dizendo:

Dama da Lua, Grande Diana,
Você que tudo vê e todo conhecimento detém,
Consagro este espelho em seu nome,
Para que possa ajudar-me em minhas magias.

Agora pendure o espelho em uma parede voltada para o Leste. Mantenha-o coberto quando não estiver em uso.

Exponha o espelho aos raios da Lua Cheia pelo menos três vezes ao ano. Quando ficar sujo de poeira (se ficar), lave-o com o caldo de artemísia.

Se desejar, pode usar um óleo psíquico para desenhar o símbolo da Lua atrás do espelho.

Alguns usam esse espelho como um meio de chegar à projeção astral, mas eu não recomendo. Pode-se ter a impressão de estar preso no espelho, e isso pode ser perigoso para o recém-chegado.

Nunca use seu espelho para nada não relacionado à magia. Tenha um outro para as coisas do dia a dia: pentear ou escovar os cabelos, etc. Mantenha o espelho mágico coberto o tempo todo em que não estiver sendo usado.

Saber Wiccano sobre o Espelho

Os lagos foram os primeiros espelhos. As lâminas brilhantes dos athames também foram usadas em substituição a esse objeto e em lugar do cristal, que é similar ao espelho.

Todos os espelhos são símbolos da Lua e da Deusa Diana. Se for criar um espelho mágico, certifique-se de que seja redondo.

O espelho é utilizado em rituais de admissão por seu significado sagrado, assim como era empregado nos antigos Mistérios Eleusianos da Grécia.

O espelho usado pelas bruxas é sempre do tipo prateado; o espelho de cor negra era usado apenas pelos magos, ou pelas bruxas que eles protegiam durante os Tempos da Inquisição.

Às vezes, é bom ter joias feitas com espelhos pequeninos na superfície ou internamente; são objetos extremamente protetores. Joia de prata bem polida também pode funcionar bem. Joias-espelhos "refletem, mandando de volta" o mal e a negatividade; devem ser lavadas a cada Lua Cheia com chá de artemísia.

Uma forma de proteção contra ataques psíquicos é visualizar-se utilizando uma espécie de "armadura", que seja totalmente composta de espelhos; assim, nenhum mal poderá lhe atingir.

As bolas de bruxas de outrora eram globos prateados, uma combinação de espelhos e bolas de cristal, e ficavam penduradas nas janelas ou perto das portas e da chaminé da casa, de forma a protegê-la e a tudo contido dentro dela. Hoje, elas ficam penduradas em árvores na época do Yule, por pessoas que se esqueceram de seu significado original.

Bolas dos bruxos às vezes aparecem à venda e valem o preço cobrado por elas. Mantenha-as sempre limpas e brilhantes.

Você pode colocar um espelho pequeno e redondo sobre o altar para simbolizar a Deusa, caso não encontre uma estátua adequada.

Um espelho pode ficar pendurado no canto da sala para absorver a negatividade; ou pode ser pendurado na parede sul. Veja-o como um vácuo na vastidão do espaço; ordene que toda a negatividade, todas as más vibrações, influências ou entidades malignas sejam sugadas de sua sala para dentro dele.

Além disso, coloque no espelho um bloqueio para que essas coisas malignas não possam usá-lo como portal para entrar neste mundo. Esse é um método excelente a ser usado em casas assombradas, quando os espíritos não partirem, ou para exorcizar uma pessoa. Coloque-a sentada em frente do espelho e ordene que o espírito entre no espelho e suma no espaço.

Depois disso, limpe o espelho esfregando vinagre em sua face com suas mãos ou com cebolas cortadas.

No entanto, nunca realize esta operação com seu próprio espelho mágico; você pode usar qualquer espelho que tiver, menos o seu.

Magia do Espelho I

Pendure um espelho pequeno em cada um dos cantos do sótão (ou no ponto mais alto na casa), usando um fio ou cordão vermelho. A seguir, diga:

Espelho com o poder de proteger
Coloco-te aqui para que possas refletir
Todo o mal a que esta casa possa estar sujeita!

Coloque duas velas brancas iguais em ambos os lados do espelho, para que não sejam refletidas por ele. Sente-se ou fique em pé perante ele, sem roupa, e diga:

Oráculo da Luz Lunar,
Envia-me agora a Segunda Visão.

Olhe fixamente para dentro do espelho, fixe o reflexo de seus olhos. Aos poucos, você verá um outro reflexo, será o de uma vida anterior. Deve ser claramente familiar.

Fique em pé na frente do espelho. Coloque duas velas das cores apropriadas em cada um dos lados e, em seguida, aplique o óleo apropriado na borda do espelho.

Em seguida, com o óleo, desenhe um círculo no espelho, certificando-se de que suas extremidades se encontrem. Agora, olhe fixamente para o centro do círculo, onde seus olhos devem ir de encontro àqueles de seu reflexo. Concentre-se, não na cena, mas sim em seu desejo. Então, desenhe a runa correspondente a seu desejo no espelho, com sua mão de Poder. Cubra o espelho até a manhã seguinte. Está feito.

Magia do Espelho 2

Fique em pé em frente do espelho, à luz de velas, se possível. Com batom, giz de cera ou tinta solúvel em água, desenhe as runas de seu desejo no espelho. Veja-as infundidas em seu reflexo, e saiba que assim hão de estar em sua vida. Então, feche os olhos e visualize sua intenção. Há de ser feita. Deixe as marcações no espelho até a manhã seguinte, quando você deverá tirá-las com um pano, sem olhar para elas.

Outros Tipos de Feitiços com Espelhos

O Sol e o Feitiço do Espelho

Projete uma imagem mental da influência maligna. Escreva ou faça um desenho a respeito. Direcione os raios do Sol com um espelho ou através de uma lupa para que seu poder fique concentrado no papel. Conforme for queimando, diga:

Pelo Sol e pelo Espelho, e em nome dos Deuses,
Teu poder exaurido; tua forma em chamas,
Não mais hás de importunar a mim ou aos meus;
Suma! Carrego este papel, com este desígnio.

Para Fazer Adivinhações com o Caldeirão

Em noite da Lua Cheia, depois dos rituais, pegue o caldeirão e leve-o até um lugar, do lado de fora de casa, em que você não será perturbado(a). Leve consigo uma moeda de prata. Encha o caldeirão com água pura da fonte ou do lago e, em seguida, erga a moeda na direção da Lua, dizendo:

Senhora da Noite
Senhora da Noite
Fortaleça a Visão
Neste meu ritual.

Em seguida, extraia o poder da Lua para a moeda, usando sua visualização. Depois, jogue-a dentro do caldeirão. Quando chegar ao fundo, sente-se ou ajoelhe-se confortavelmente na frente do caldeirão e olhe fixamente para a moeda. Se for necessário, posicione o caldeirão de forma que a Lua reflita seus raios sobre a moeda. A visão há de surgir. (Observação: isso funciona melhor com caldeirões pretos.)

O Lago Sagrado

Lagos eram, outrora, conhecidos como espelhos de Diana. Na noite da Lua Cheia, capte o reflexo da Lua nas águas tranquilas de um lago. Deite-se e fique olhando fixamente para o reflexo. Em seguida, sopre gentilmente a água. A visão há de surgir se você fizer uma prece para que Diana lhe ajude.

Para Melhorar a Aparência

Pegue um pequeno espelho redondo, de cerca de 23 cm de diâmetro, mergulhe-o na água límpida como cristal de um lago ou de uma fonte e diga:

Límpida como cristal,
Clara como o ar,
Faça com que minha forma seja
Clara e bela.

Em seguida, arrume o espelho na parede sul da casa. Todas as manhãs e toda noite, fique em pé na sua frente e olhe profundamente para seu reflexo, concentrando-se na melhoria de sua aparência. Assim há de ser.

Feitiço com Vidro Quebrado

Coloque vidro quebrado em um recipiente como uma caixa ou uma tigela. Pressione a palma da sua mão sobre eles de uma vez, com pressão uniforme. Você não será ferido(a). Conforme sua mão for pressionando os cacos de vidro, diga:

Vidro quebrado não pode ferir; Todo mal há de ir embora quando eu mandar!

Este é um feitiço de proteção a ser usado quando temer por danos físicos.

Feitiço do Espelho Quebrado

Coloque no chão um pequeno espelho redondo. Fique sobre ele, segurando uma grande pedra. Não fique em pé diante dele de forma que consiga ver sua imagem no espelho, mas sim, olhe para ele e visualize seu inimigo, mau hábito, problema, obstáculo. Em seguida, largue a pedra e observe o espelho e seu problema desfazerem-se em milhões de pedaços.

Assim é feito o feitiço.

Para Destruir o Poder de Outrem de Fazer o Mal

Faça modelos de cera das armas do agressor (armas de fogo, tanques, espadas, palavras, livros, jornais, etc.). Pinte-os e molde-os de forma que se pareçam com os objetos reais em si. Ao terminar, sente-se em frente ao fogo (se possível) e pegue cada um dos modelos em suas mãos. Esfregue-o lentamente com as mãos, aquecendo-o, desfigurando-o. Diga:

Você não passa de massa nas minhas mãos. Você não tem poder algum.

Repita isso até que sinta que o momento é o certo. Então, jogue o modelo arruinado no fogo, em meio às chamas, dizendo:

Derreta!

Visualize o poder de seu inimigo de causar o mal derretendo no fogo. Repita isso para cada objeto. Isso funciona com um incensório, se fizer pequenos modelos de cera e colocar fogo neles. O caldeirão também serve para conter o fogo para esse feitiço.

Ao Achar um Amuleto, Talismã, Encanto ou uma Boneca

Não o toque. Examine-o. Se for maligno, espalhe sobre ele óleo de arruda, acenda-o e, com suas palmas viradas sobre ele, diga:

Teu poder exaurido, tua forma em chamas,
Seja banido em nome do Grande Deus!

Ou o que lhe vier à mente. Se não conseguir queimá-lo onde estiver, remova-o, tirando-o do lugar com utensílios de madeira, vidro ou plástico (não use luvas) para um local adequado e realize o banimento. Caso não disponha de arruda ou nenhum outro óleo para quebrar feitiços, borrife-o com sal e queime-o. Enterre-o ou jogue as cinzas fora. Não encoste neles!

Cactos são usados com frequência para enviar feitiços e encantos malignos. Fique atento(a). Antes de tocar, examine qualquer presente ou objeto que for colocado na soleira de sua porta, em sua mesa, etc. Proteja-se, não seja negligente!

A Faca e o Caldeirão

Encha um caldeirão (pote ou balde, caso não tenha um caldeirão sobressalente) e leve para perto da porta, do lado de dentro de casa. Pegando uma faca bem afiada, coloque-a com a ponta para dentro da água, dizendo:

Dentro d'água coloco esta lâmina
Para do ladrão e das trevas me resguardar.
Que não possa nenhum homem nem concha astral
Neste local onde moro adentrar.

Eis um excelente feitiço de proteção, a ser realizado toda noite antes de dormir ou a qualquer momento em que dele sentir necessidade.

Pedras Protetoras

Pegue diversas pedrinhas, de cor diferente das encontráveis no terreno que circunda sua propriedade, mas não de um matiz que se destaque indevidamente. Pegue essas pedrinhas, o bastante para que você tenha uma para cada metro quadrado de sua área externa, e coloque-as no chão à sua frente. Coloque suas mãos sobre elas e infunda-as com qualidades protetoras. Em seguida, divida a pilha em três partes. Deixe de lado a parte do meio. Programe a parte na esquerda a lhe avisar sobre invasores que se aproximam, para que lhe digam, psiquicamente, quando alguém estiver chegando. E infunda a parte da direita com visões aterrorizantes de fantasmas, *ghouls,* * coisas monstruosas, monstros imaginários, para aterrorizar e mandar embora aqueles que têm a mente fraca e instabilidade emocional. Depois disso, misture todas as pedrinhas e espalhe-as em sua propriedade, tomando o cuidado de não ser visto(a) fazendo isso. Quando colocadas em seus lugares, elas realizam seu trabalho.

---

* N.T.: Originário da mitologia árabe, o *ghoul* ou *ghul* é uma criatura sobrenatural que se alimenta de cadáveres, carne morta, habitando cemitérios e desertos, entre outros locais inacessíveis. Seu nome quer dizer "demônio", e é inclusive citado no Alcorão.

Para Proteção

Pegue uma cebola firme, branca ou vermelha, um conjunto de alfinetes de ponta preta e leve-os diante do fogo ou do altar. Lá, espete cada alfinete na cebola, dizendo a seguinte rima:

*A ti perfuro, a ti perfuro assim,
Para que possas proteger a mim.*

Continue fazendo isso até que a superfície da cebola esteja completamente coberta pelos alfinetes. Coloque em um lugar alto, pode ser na sala em que você passa a maior parte do tempo, no sótão, ou no alto da chaminé. Este feitiço deve ser renovado a cada ano, mas você não deve encostar na cebola até que ela seja retirada do alto.

Cântico Protetor

Visualize um círculo triplo em torno de seu corpo e entoe o seguinte cântico:

*Sou protegida pela poderosa,
Noite e dia, a Deusa Graciosa.*

Para Proteger uma Lareira e um Lar

Com giz branco ou vermelho, desenhe três círculos diretamente em frente à lareira na casa. Isso guarda a área com eficácia. Renove-o a cada três meses.

Para Enfeitiçar uma Pedra para Proteção

Quando tiver encontrado uma pedra adequada, uma que lhe agrade a vista e se encaixe em suas mãos, aperte-a com força em sua mão de poder e diga três vezes:

*Pedra, o mal hás de negar.
Envie-o para a terra e para o céu sem fim.
Envie-o para as chamas e para o mar.
Pedra de poder, protege a mim!*

Colar do Círculo de Pedras

Faça um colar com 12 pedras da mesma forma e do mesmo tamanho e coloque uma 13ª nele, de cor e tamanho diferentes; uma pedra maior. Segure o colar alto, dentro do Círculo de Pedras, e diga:

Ó Círculo de Pedras, peço que infundas neste amuleto sua proteção, um perfeito padrão de energia protetora, que possa proteger meu corpo, minha mente e minha alma enquanto estou fora do Círculo de Pedras. Assim tendo dito, eu, _____, e assim há de ser!

Isso também pode ser feito para uso dentro do Círculo, alterando um pouco a dedicação. Se for usado fora do Círculo, não inscreva nenhum símbolo nem runas nele. No entanto, se for reservado para uso ritual, use tais símbolos ou runas pintados ou entalhados no colar.

```
THE CIRCLE OF STONES NECKLET
Make a necklet of twelve stones, of the same shape and size,
and then put a thirteen in of a different color and size, a larger
one. Hold it up within the Circle of Stones and say:

    O Circle of Stones, I ask that you infuse this amulet
    with your protection, a perfect pattern of protective
    energy, that it might protect my body, mind and soul
    while I am outside the Circle of Stones. So said I,
    _____, and So Mote It Be!

This may also be used for wear within the circle by altering
the dedication slightly. If used for out-of-circle wear,
mark no signs or runes on it. However, if reserved for ritual
use such can be painted or carved on.
```

A Ser Dito para Proteção durante uma Tempestade com Relâmpagos

Senhora da chuva gentil
Mestre da tempestade,
Guarde-me contra a doença e a calamidade;
Proteja-me de todo mal.
E enquanto o fogo voa atravessando o ar
e a chuva cai tempestuosa,
mantenha meus entes amados em seus cuidados
Até o fim da tempestade.
>*Vento, vento, guarda tua espécie*
>*Chama, chama, não mutile*
>*Chuva, chuva, pare de repente*
>*Terra, terra, guarda o que me é valioso.*

O Guardião da Vela

Coloque uma vela acesa na janela para guardar sua casa enquanto você dorme. Certifique-se de que não possa cair e de que não vá rachar o vidro da janela ou pegar fogo nas cortinas; as velas de oferendas ou de preces em jarros de vidro são perfeitas para isso.

Para Proteger uma Pessoa

Para proteger qualquer pessoa enquanto estiver longe de você, jogue um punhado de areia, grãos ou arroz atrás dela depois que sair, sem ela que saiba.

Para Guardar sua Comida

3 agulhas
3 alfinetes
3 pregos

Coloque-os dentro de uma jarra com sal e mantenha em seu guarda--comida para proteger os alimentos aí armazenados.

A Ser Dito para Proteção enquanto Estiver Andando Sozinho(a) à Noite

Salve, ó Lua Distante,
Da Noite Regente;
A salvo me mantenha, ó Radiante,
Até que a luz se apresente!

Garrafa das Bruxas

Alfinetes com ponta preta
Agulhas
Alecrim

Encha uma garrafa com os itens acima. Acrescente vinho até o gargalo. Vede o topo com cera preta. Enquanto prepara sua Garrafa das Bruxas, adicionando cada um dos ingredientes, diga o encantamento, repetidas vezes:

Alfinetes e agulhas, vinho e alecrim,
Nesta Garrafa das Bruxas que faço para mim.
Guarda-me de todo o mal e dos inimigos:
Assim seja feita minha vontade, espíritos antigos!

Esta garrafa deve então ser enterrada a alguma distância de sua casa – afastada, mas não tão longe. A garrafa conduz a negatividade e o mal que lhe desejarem para longe de si, atraindo-os para ela.

Adivinhação com Água

Faça uma pergunta cuja resposta seja sim ou não. Jogue uma pedrinha em uma poça de água e conte os anéis que se formarem. Se as ondas forem em número ímpar, isso quer dizer sim. Se for número par, a resposta é não.

Adivinhação com Pedra

Ache três pedras, uma escura, uma clara e uma de uma cor única, diferente das outras duas. Chame uma de "sim", outra de "não", e a terceira, de cor diferente, use como indicador. Faça uma pergunta cuja resposta seja sim ou não. Chacoalhe as pedras em suas mãos e jogue-as no chão ou em uma mesa que esteja no centro da sala. A pedra que ficar mais próxima da pedra indicadora responde à pergunta. Mantenha as pedras em uma bolsinha longe da vista dos outros quando não estiverem sendo usadas e não deixe que ninguém mais, a não ser você, encoste nelas. (Observação: se estiver usando uma mesa e uma das pedras cair no chão, não há resposta. De forma similar, se as pedras de sim/não parecerem estar à mesma distância da pedra indicadora, não há resposta. Tente novamente mais tarde. Não faça mais do que três tentativas em uma noite.)

Adivinhação com Casca de Árvore

Escolha um pedaço grande e fino de casca de árvore. Coloque-o no fogo e espere até que queime. Logo que as chamas tiverem se extinguido, remova-o com cuidado, sem quebrar, e leia os símbolos deixados na casca de árvore pelo fogo.

Adivinhação com Flores

Escolha uma flor ao acaso, mas não colha. Conte as pétalas, dizendo sim ou não até a última. Isso responde à sua pergunta. (Não arranque as pétalas, como fazem os não bruxos. Não há necessidade de destruir a natureza; trabalhamos dentro dela e para ela; não contra a natureza).

Encantamento com Ervas

Ah, pequena planta de (nome), *peço que me dê sua dádiva, para que ela possa ajudar-me em meu trabalho. Cresça mais forte por meio de meu toque; mais forte e mais poderosa. Ó pequena planta de* (nome)*!*

Diga isso com amor pelo espírito da planta. Pegue o que você precisar, nunca mais de 25%. Depois coloque sua oferenda (mel, uma moeda antiga, pão, maçã, vinho tinto) na base da planta. Se for possível, nunca colha da mesma erva duas vezes durante o ano lunar.

Antiga Prece às Ervas

"Agora também intercedo perante vós, todos os poderes e ervas, e sua majestade: suplico a vós, a quem a Terra, a mãe universal deu vida e lhe deu como remédio de saúde para todas as pessoas e sobre a qual colocou sua majestade, sejais agora de maior benefício para a humanidade. Isso eu rogo e suplico a vós: estejais presentes aqui com vossas virtudes, pois ela mesma que vos criou garantiu que eu possa chamar-vos com a boa vontade daquele a quem a arte da medicina foi concedida; portanto, conceda em nome da saúde um bom remédio, pela graça destes poderes já mencionados."

Usada enquanto se prepara misturas de ervas para propósitos de cura. O "aquele" mencionado nessa prece era, provável e originalmente, Esculápio [deus da medicina]. Essa prece tem origem romana.

Sachê da Riqueza

Misture: trevo-de-cinco-folhas, canela, cravos-da-índia, bálsamo de limão e uma fava de tonka ou baunilha, inteira. Faça isso em uma quinta-feira depois do pôr do Sol e enquanto a Lua estiver no Crescente. Costure dentro de um saquinho de pano na cor roxa ou azul e carregue consigo para aumentar as riquezas.

Sachê do Amor

Pegue pétalas de rosas bem secas, uma pitada de gatária, meio punhado de milefólio e um toque de menta, tussilago (unha de cavalo), folhas de morango, raiz bem moída de lírio florentino, atanásia e uma pitada de verbena. Misture bem em uma noite de sexta-feira na Lua Crescente e divida em três partes. Jogue a primeira parte para cima, em direção à Lua, enquanto estiver de joelhos, pedindo a Diana que o amor seja a você enviado. Espalhe a segunda parte em volta de sua cama e costure a terceira dentro de um tecido na cor verde-clara. Use-o em seu corpo e o amor há, certamente, de aparecer.

Bolas de Feitiço

Pegue cera de abelha, aqueça-a em sua mão até que fique macia e bem flexível. A seguir, pegue as ervas do tipo certo e misture à cera; tudo isso enquanto visualiza mentalmente seu intento. Quando a cera estiver bem misturada às ervas, modele bolas de cerca de 2,5 cm mais ou menos de diâmetro (elas podem ser maiores, dependendo de seu propósito, mas é mais fácil ocultar bolas pequenas).

Agora deposite o feitiço em seu altar, entre duas velas de cores apropriadas, dependendo do tipo de feitiço que você estiver fazendo. Coloque suas mãos em cada lado da bola de feitiço e infunda-a com energia, sempre visualizando seu intento.

Profira o seguinte encantamento:

Caverna, Montanha, Fogo e Lago
Todos os elementos despertam agora
Carreguem esta Bola de Feitiço com poder
Esta é minha vontade, assim há de ser!

Se seu intento for ganhar dinheiro, coloque as bolas de feitiço em qualquer lugar onde poderia obter dinheiro: em sua mesa de trabalho, em sua carteira ou em sua bolsa, na caixa do correio, onde quer que seja. Se for um feitiço para atrair amor, use-a perto de sua pele. Coloque onde for apropriado para seu feitiço.

(Atenção: bolas de feitiço podem derreter. Tome cuidado! É melhor fazer uso delas no inverno.) Você também pode usar diversas bolas presas em um colar em torno do pescoço.

Usos de Ervas para Banimento pelas Bruxas

Em tempos passados, quando os wiccanos eram os curandeiros do povo, assim como os sacerdotes e as sacerdotisas, muitas das ervas para banimento eram usadas na prática da medicina. Esse conhecimento foi passado adiante de boca a boca, e era ensinado pelo curandeiro mais experiente apenas ao pupilo mais desejoso de aprender e mais qualificado. Estes eram os usos dessas ervas de banimento pelos curandeiros:

1. Todos os aspectos de cura;
2. Partos e abortos;
3. Dor excruciante (ao remover pontas de flechas, etc.)

Ervas, especialmente do tipo de ervas de banimento, também eram usadas como atalhos para atingir determinados estados de consciência. Elas também eram úteis quando os magistrados e os caçadores de bruxas estavam nos arredores no vilarejo ou na cidade. Eis seus usos:

4. Induzir a visões;
5. Facilitar a projeção astral;
6. Fazer emergir o poder em geral;
7. Dor excruciante durante a execução, especialmente durante a queima.

Em vista disso, uma história antiga de bruxaria deve ser contada aqui. Nos tempos elisabetanos, era ensinado às(aos) bruxas(os) que, para ter certeza de que nunca seriam condenadas(os) ao tablado (isto é, à forca), deveriam sempre carregar consigo uma flor de cravo. Por que isso? Talvez porque o cravo seja uma florescência extremamente poderosa; seu aroma é excelente para a recuperação de pacientes ou daqueles que se sentem deprimidos.

Na época da caça às bruxas, a maior parte dos wiccanos deixava as cidades e os vilarejos; porém, o perigo estava sempre por perto. Então, não me surpreenderia de forma alguma ficar sabendo, a partir de uma fonte histórica, que muitos suspeitos de bruxaria nos idos de 1600 usavam cravos!

Banhos Mágicos

É uma tradição tomar um Banho Mágico de Limpeza pelo menos duas vezes ao ano:

Primavera: Tome um banho de limpeza de manjerona e tomilho.
Inverno: Tome um banho de limpeza de folha de louro, alecrim e pinho.

Estes banhos devem ser tomados, é claro, além de seus banhos regulares de limpeza.

Sais de Banho Ritualísticos

Adicionar a uma xícara de sal puro os óleos apropriados até que o aroma pareça estar bom; este, quanto mais forte for, menor quantidade de sal terá de ser usada no banho. Tinja o sal de banho com corante de alimentos.

Cura

Eucalipto	13 gotas
Violeta	7 gotas (tinja de azul esverdeado)
Cravo-da-índia	13 gotas

Purificação

Gerânio cor-de-rosa	13 gotas
Olíbano	7 gotas (deixe branco)
Alecrim	13 gotas

Círculo (a ser usado quando um sachê de banho não estiver disponível)

Alecrim	3 gotas
Mirra	3 gotas
Cravo (Flor)	3 gotas (tinja de roxo ou deixe branco)
Lótus	3 gotas
Menta	1 gotas

Psíquico (a ser Usado antes de Dormir para Ter Sonhos Proféticos)

Cássia	13 gotas
Anis	7 gotas (tinja de amarelo)
Acácia	13 gotas

Magnético (a ser Usado antes de Sair com o Objetivo de Conhecer/Encontrar Pessoas)

Banho magnético para mulheres:

Âmbar cinza	3	
Gardênia	7	
Jasmim	9	(tinja de rosa – amor
Tuberosa	7	azul – amizades
Violeta	3	vermelho – sexualidade)

Banho magnético para homens:

Almíscar	3	
Patchuli	7	
Algália	9	(tinja de rosa – amor
Âmbar cinza	7	azul – amizades
Canela	3	vermelho – sexualidade)

Observação: acrescente 30 gotas de óleo de Vênus [mulheres] ou óleo de Sátiro [homens]. Use este sal de banho moderadamente.

Fogo do Druida

Lenha de freixo
Lenha de sabugueiro
Verbena

Faça uma fogueira com esses elementos, usando a verbena como material para acender o fogo. Quando estiver queimando bem, acrescente as seguintes ervas:

Flores de áster
Filipendula ulmaria
Visco
Hortelã
Folhas de carvalho
Betônia

Use esta fogueira para rituais solares.

Antigas Danças e Músicas

A dança foi a primeira forma de expressão religiosa. Não é de se admirar, portanto, que aprender a dançar era uma parte importante de um ritual wiccano.

Na Wicca tradicionalista, havia três tipos principais de dança ritual: a dança do Círculo ou Ciranda, a Dança do Acompanhamento e a Dança dos Pulos.

A Dança do Círculo ou Ciranda começava com os membros do coven de mãos dadas no Círculo, com os rostos voltados para dentro dele. Às vezes, no centro, no altar (ou no chão se não houvesse altar) ficava um símbolo desenhado no solo ou um objeto representando o que era desejado (isto é, o motivo pelo qual o coven estava trabalhando a magia). Isso é conhecido como o "objeto". O coven movia-se em volta do objeto com a intenção de dar poder ao seu desejo e, assim, por meio de seu esforço físico, surgia o poder e este era enviado pela vontade do grupo do coven. Essa técnica também era usada para carregar instrumentos, joias, etc.

Uma alternativa para a Ciranda era feita com o(a) líder do coven em pé, no centro Círculo. Quando o poder estava elevado ao máximo, ele(a) dizia ao coven para liberá-lo. O(a) líder, então, enviava adiante o poder.

Se a dança fosse feita para propósitos puramente ritualísticos, era geralmente acompanhada de canções, às vezes convocando os Elementos, ou os Deuses, ou simplesmente uma canção da estação. Essas danças eram sempre feitas no sentido horário. É claro que se a Ciranda estivesse sendo conduzida para banir algo negativo, seria feita no sentido anti-horário.

A Dança do Acompanhamento em geral ocorria depois da Ciranda, se a primeira fosse realizada para uso ritualístico e não mágico. O Círculo era quebrado, com o(a) líder encabeçando-o. Soltando as mãos, o coven o(a) seguia pelo campo (ou por toda a casa, se fosse uma casa grande e o perigo fosse tal que impedisse atividades ao ar livre). Às vezes, nesse momento, membros do coven imitavam animais, mas nem sempre isso ocorria. No final, eles retornavam ao Círculo, geralmente para o Banquete. Esse tipo de dança ocorria, normalmente, depois dos rituais, além de ser usado para treinar novos(as) bruxos(as) para que se movessem silenciosamente através da floresta à noite.

A Dança dos Pulos é, na verdade, uma variação da Ciranda. O coven, de mãos dadas, pulava sobre um objeto para diversos propósitos. Por exemplo, uma pilha de frutos e vegetais era colocada no chão e todos a pulavam para promover uma boa safra para a próxima colheita. Às vezes isso era feito com vassouras, algo da magia feminina, o que nos remete à origem das histórias de bruxas "cavalgando" em suas vassouras.

A Dança dos Pulos era feita sobre (pequenas) pedras sagradas ou fogueiras de purificação. Também tenho a sensação de que isso pode ter sido uma das antigas provações originadas durante a época da inquisição. A nova Bruxa era colocada deitada na floresta, sozinha, no escuro, provavelmente atada. De repente, começava a ver imagens: o coven corria e saltava sobre ela. Continuavam a fazer isso, um por um, durante vários minutos, até que o medo e a ansiedade da bruxa se fossem. E ela encontrava confiança no coven e era bem-vinda.

Com frequência se usava música, especialmente antes da inquisição, para acompanhar o ritual e/ou as danças. A música era, tradicionalmente, feita com uma flauta, um tambor e uma espécie de harpa; embora quase sempre eu me pegue pensando que o tambor era usado por sua habilidade de manter o coven em movimento único com sua batida. Essa batida tinha seu ritmo aumentado aos poucos, enquanto a energia era elevada e estabelecia o tom emocional do ritual como um todo.

A flauta era sempre tocada por um homem, pois era o símbolo do Deus; o tambor, por uma mulher, pois era um símbolo da Deusa; e a harpa, por um jovem.

Para conseguir composições musicais mais elaboradas, adicionavam-se sinos, embora raramente isso fosse feito depois da época da inquisição, pois seu som podia ser ouvido claramente atravessando o ar da noite a uma grande distância.

Um sistro também era, às vezes, usado em vez dos sinos, mas isso só ocorreu depois que o Culto de Ísis chegou à Bretanha por meio dos romanos.

Muitas das antigas canções da Arte foram perdidas; algumas estão preservadas em canções folclóricas, como, "Greensleeves" e "Summer is A-Coming In". Um estudo de música folclórica revelaria muita coisa. A maior parte das antigas canções da Arte eram compostas em tons menores e tinham melodia, harmonia e letra simples; mas ecoavam por toda a terra e eram um dos principais meios de que se valiam os wiccanos para preservar e passar adiante seu conhecimento. Assim, as letras com frequência continham histórias dos deuses, de seus feitos e de suas relações.

Nos dias atuais, infelizmente, a maior parte das músicas são pré--gravadas, embora muitos covens estejam retomando os antigos caminhos.

Uma canção que usávamos no ano 1971 era assim:

Diana e o Deus Cornífero
Hão de aparecer no Momento do Sabbat

e nos levarão adiante com prazer
Para saborearmos os Bolos e o Vinho;
Os Bolos e o Vinho saborearmos, meus amores,
e dançarmos a ciranda mágica;
e hão de nos conduzir pelos ritos sagrados
Com alegria e amor irrestritos.

Você poderá notar que a ordem do ritual como é descrita nesta canção está invertida.

Estou certo de que, originalmente, bater palmas ou bater os pés, ou até mesmo bater no Caldeirão, era algo também usado como forma de música. Os tambores foram então inventados para suprir essa parte.

No simbolismo mágico wiccano, o tambor representa o elemento da Terra; a flauta, o Ar; a lira ou a harpa, o Fogo; e o sino ou o sistro, a Água.

Ouvi falar de ritos em que o athame é usado para atingir pedras que estão de pé na natureza; isso produziria sons de certo tipo, mas era algo provavelmente usado para induzir a clarividência ou alguma outra faculdade. Então, isso na verdade não recai no quesito musical em si.

A História do Povo do Céu

Nos tempos antes do tempo em si, nos vastos domínios dos espaços siderais, havia uma civilização em um planeta muito similar à Terra.

No entanto, esse povo estava engajado em uma grande guerra civil. Ao prever sua própria destruição, o Povo das Estrelas enviou representantes de sua raça pelo espaço em agulhas prateadas, em busca de novos planetas em que sua raça pudesse plantar suas sementes e assim impedir que seu conhecimento e seu poder fossem perdidos e caíssem no meio do nada.

Uma das agulhas prateadas caiu na Terra. O Povo do Céu ou os Senhores do Céu mesclaram-se com o Povo da Terra, reproduziram-se e, ao fazer isso, produziram novos sacerdotes e sacerdotisas dos antigos poderes, e, deste povo, surgiu a grande civilização tecnológica/mágica conhecida como Atlântida.

Foram ensinados os antigos segredos de conexão com as forças do universo à espécie humana; manipulação de linhas de energia; movimentação de objetos com suas mentes; visão do passado, do futuro ou de mentes alheias; cura de doentes; calmaria de guerras e lutas; assim como movimentação de montanhas, mudança dos cursos de rios, levantamento de ilhas do nível do mar, ativação de vulcões e controle do tempo.

Todavia, apesar de todos seus feitos mágicos e tecnológicos, os Atlantes tinham uma fraqueza – fraqueza esta da qual os que tinham sido os adversários do Povo do Céu estavam ansiosos por se aproveitar.

Pois os inimigos do Povo do Céu haviam seguido as naves pelo espaço, determinados a extirpar todo e qualquer traço de sua existência. Enquanto houvesse no universo uma única aldeia remota abrigando criaturas dessa civilização, eles não descansariam.

Eles vieram à Terra, descobriram o trabalho que havia sido realizado pelos Atlantes e sabiam que não conseguiriam trazer sua destruição sozinhos, pois a essa altura já eram poucos, abatidos pelas guerras, que haviam causado muitas mortes em ambos os lados.

Os inimigos do Povo do Céu armaram esquemas e influenciaram diversas das sacerdotisas e dos sacerdotes em Atlântida e, com o tempo, isso acarretou sua destruição.

No entanto, o sangue do Povo do Céu ainda vive em nosso próprio sangue; e os poderes que eles usavam permanecem, esperando ser conectados por aqueles que detêm o antigo conhecimento.

E este é o poder que é usado em magia. (Observação: esta é uma lenda e deve ser entendida como tal.)

A Cerimônia da Lua Cheia

Acrescente à água de um banho meia xícara de leite, três gotas de vinho branco, um pouco de casca de limão. Banhe-se e vá para o ritual.

Tome um gole de vinho branco. Feche os olhos e medite formando uma imagem mental da Lua. Veja-a erguendo-se acima do horizonte, viajando pelo céu para descansar diretamente acima de você. Banhe-se na luz; sinta-a purificando, nutrindo e fortalecendo você. Em seguida, levante-se, olhe para a verdadeira Lua e faça seus agradecimentos a ela. Acenda uma vela branca e deixe-a queimar enquanto estiver acordado(a) nessa noite. Coma uvas ou *mooncakes* e beba vinho branco; ou então coma melão, alface e beba limonada. Se houver um anel em torno da Lua, melhor ainda; neste caso, os poderes dela estão triplicados.

Depois disso, escute música suave e medite.

(Observação: Essa cerimônia deve ser realizada quando você não puder estar presente em uma cerimônia completa. Também é boa para ser passada a novos alunos que não puderem ou não devem estar presentes nos rituais completos.)

Sistemas de Poder

O sistema elemental foi desenvolvido e refinado na Renascença, mas suas raízes datam de muito antes na história. Pode ser entendido como nada mais do que um sistema conveniente de organização para os diversos tipos de magia. Mais ainda, pode ser considerado um verdadeiro sistema de poderes que podem ser convocados em auxílio de feitiços e rituais. A forma como compreende os elementos depende de você.

As discussões a seguir giram em torno do simbolismo e dos tipos de magia relacionados aos elementos. Toda magia contida neste livro se encaixa na regência de um (ou mais) elementos. Isso também pode ser afirmado em relação a toda existência.

Um entendimento dos elementos pode ajudar – e muito! – em suas operações mágicas.

Embora os elementos sejam descritos como "masculinos" ou "femininos", isso não deve ser entendido de forma sexista. Tal como acontece em todos os sistemas mágicos, é simbólico – descreve os atributos básicos dos Elementos em termos de fácil entendimento. O que não significa que seja mais masculino realizar magia do Fogo, ou mais apropriado que as mulheres usem a magia da Água. Trata-se simplesmente de um sistema de símbolos.

Excerto extraído de *Earth Power* [Poder da Terra], de Scott Cunningham.

THE ELEMENTS

Os Elementos

Terra

Gênero: Feminino, Passivo
Cor: Verde
Horário do Dia: Meia-noite
Direção: Norte
Estação: Inverno
Instrumento: Pentáculo
Momento na Vida: Idade Avançada
Naipe do Tarô: Pentáculos (Ouros)
Qualidades: Lei, Entendimento
Animais: Vaca, Bisão, Cervo
Metal: Ferro
Rei: Ghob
Espíritos: Gnomos
Joia: Cristal de Rocha, Sal
Lugares Regidos: Cavernas, Abismos, Campos, Bosques
Símbolos Naturais: Bolota de Carvalho, Vales, Cavernas, Rochas, Sal, Gravidade
Instrumentos Musicais: Tambor, Todos os Instrumentos de Percussão
Signos Astrológicos: Touro, Virgem, Capricórnio
Poderes Mágicos: Negócios, Dinheiro, Emprego, Morte, Rituais para Atar, Alimentos, Cozinha, Agricultura
Sentido: Tato
Qualidades Positivas: Crescimento, Solidariedade, Base, Objetividade, Responsabilidade, Eficácia, Pragmatismo, Paciência
Qualidades negativas: Ilusão, Embotamento, Melancolia, Falta de Consciência, Tédio, Estagnação, Depressão, Inflexibilidade
Tipos de Erva: Rasteiras, Secas e Rígidas, com Cheiro de Mofo, Raízes Pesadas, de Crescimento Lento, Musgos e Líquens, Samambaias; Quentes e Secas, Fortes, de Aroma Doce; Nozes; Plantas que Crescem em Cavernas

Ervas da Terra

Patchuli	Samambaias	*Lycopodiopsida*
Abelmosco	Arroz	Erva-do-diabo
Salsa	Confrei	*Filipendula ulmaria*
Cravo (Flor)	Aspérula	Pinho
Orégano-de-creta	Mandrágora	Prímula
Estoraque	Carvalho	Nozes
Ameria	Valeriana	Hera
Aveias	Sapatinho	Cevada
Cipreste	Betônia	Trigo
Cedro	Marroio-branco	Milho

A Terra é a base da Bruxa; é esta a esfera na qual fazemos a maioria dos trabalhos. A Terra também é o reino da fertilidade e, sendo assim, esse poder é invocado para impulsionar a realização de todos os feitiços mágicos.

A Terra é o elemento da abundância calada, da base. É física, mas deve ser louvada por suportar todos os outros Elementos; sem a Terra, a vida como a conhecemos não existiria.

A Magia deste reino está relacionada com os frutos: ervas, flores, árvores e todas as coisas que crescem. Os deuses e deusas antigos da Terra – Deméter, Mah, Perséfone, Kore, Ceres, Marduk, Gaia, Reia, Dagda, Silvanus, Pã e Osíris, entre muitos outros – representam a contínua força vital do elemento da Terra.

A Terra é o ventre da Deusa e os antigos abrigavam dentro dela seus mortos, colocando-os em posição fetal e derramando sobre eles pós na cor vermelha, representando o sangue da vida renovada. Assim, como viemos da Deusa, de tal forma a ela devemos retornar, na Roda do Renascimento através da Terra.

Oferendas e invocações ao Reino da Terra devem ser enterrados.

Ar

Gênero: Masculino, Ativo
Cor: Amarelo
Horário do Dia: Alvorada
Direção: Leste
Estação: Primavera
Instrumento: Varinha, Incensório
Momento na Vida: Infância
Naipe do Tarô: Espadas
Qualidades: Vida, Fé
Animais: Águia, Falcão, Todos os Pássaros
Metais: Cobre, Estanho
Rei: Paralda
Espíritos: Silfos
Joia: Topázio
Lugares Regidos: Altos Topos de Montanhas, Colinas Varridas pelos Ventos, Planícies, Altas Torres
Símbolos Naturais: Pena, Pássaros, Vento, Nuvem, Fumaça
Instrumentos Musicais: Flauta, Todos os Instrumentos de Sopro
Signos Astrológicos: Gêmeos, Libra, Aquário
Poderes Mágicos: Disputas, Movimento, Viagem, Trabalhos com o Tempo (Clima), Instrução, Liberdade, Conhecimento, Fofoca, Teoria
Sentido: Audição/Olfato
Qualidades Positivas: Liberdade, Diligência, Destreza, Otimismo, Alegria de Viver, Inteligência
Qualidades Negativas: Desprezo, Dissimulação, Fofocas, Mentiras, Retraimento
Tipos de Erva: Etérea, Intelectual, Mental, Equilibra-se no Ar, Flores, Plantas de Cheiro Forte.

Ervas do Ar

Hortelã
Visco
Lavanda
Nogueira
Cereja
Álamo Tremedor (Faia Preta)
Resina de Aroeira
Benjoim
Euphrasia
Rosa
Gatária
Menta
Bálsamo de Limão
Laranja (Flores)
Artemísia
Anagallis
Sândalo
Ulmus Rubra
Selo-de-salomão
Anis-estrelado
Absinto
Milefólio

O Ar é a mente, o intelecto da Bruxa. É o elemento do movimento, do vigor. A Magia deste reino é mental ou criadora de inércia. Está acostumada a "tirar algo do solo".

Entre os Deuses e as Deusas do Ar estão Hera, Shu, Arianrhod, Nuit, Enlil, Mercúrio, Thoth. Oferendas a este elemento devem ser lançadas no ar.

Fogo

Gênero: Masculino, Ativo
Cor: Vermelho
Horário do Dia: Meio-dia
Direção: Sul
Estação: Verão
Instrumento: Espada/Athame
Momento na Vida: Juventude
Naipe do Tarô: Paus
Qualidades: Luz, Esperança
Animais: Leão, Dragão
Metais: Ouro, Ferro
Rei: Djinn
Espíritos: Salamandras
Joia: Opala de Fogo
Lugares Regidos: Desertos, Vulcões, Fontes Quentes
Símbolos Naturais: Chama, Relâmpago, o Sol
Instrumentos Musicais: Lira, Todos os Instrumentos de Cordas
Signos Astrológicos: Áries, Leão, Sagitário

Poderes Mágicos: Energia, Poder, Autoridade, Prestígio, Dominação, Compulsão, Sexo, Paixão, Cura, Mudança, Destruição, Evolução, Purificação, Calor, Humanidade
Sentido: Visão
Qualidades Positivas: Coragem, Audácia, Entusiasmo, Valor, Patriotismo Contra o Mal, Energia, Positividade, Dedicação
Qualidades Negativas: Raiva, Ciúmes, Amargura, Maldade, Espírito Vingativo, Ódio, Obsessão por Sexo, Impaciência, Vícios, Piromancia
Tipos de Erva: Ardente, Picante, Cortante, que Inibe o Crescimento, Quente, Estimulantes, Inflamáveis ou Apaixonadas, Simbolizam o Sol, Sementes, Espinhosas, Faiscantes, Amargas, Aromáticas

Ervas do Fogo

Sangue-de-dragão	Azevinho	Girassol
Sândalo Vermelho	Canela	Calêndula
Açafrão	Cássia	Verbasco
Mostarda	Endro	Murta
Alho	Anêmona Vermelha	Noz-moscada
Pimenta	Heliotrópio	Cebola
Urtiga	Artemísia	Mirta
Cardo	Basílico	Boca-de-dragão
Arruda	Louro	Erva-de-são-joão
Oxalis	Celidônia	Tomilho
Olíbano	Coentro	Verbena
Gerânio Vermelho	Todos os Cactos	Violeta
Papoula Vermelha	Cravos-da-índia	Orégano
Baunilha	Folha de Curry	Tabaco
Mandrágora	Hibisco	

O Fogo é a vontade da Bruxa. Ele é invocado para causar mudanças, geralmente por meio de destruição do que existe, para trazer à tona o que pode ser. A Água limpa, o Fogo purifica.

Também é o reino da sexualidade e das paixões de todas as naturezas.

O Fogo é o único elemento sempre presente no altar da Bruxa, pois simboliza a centelha de vida que reside em toda a raça humana.

Devemos tomar cuidado com o Fogo; seu toque arde e por meio dele aprendemos. Mudanças nunca ocorrem sem morte, não importando o quão devastadora ou suportável esta possa ser. O passado deve morrer para abrir caminho para o futuro.

A natureza fogosa do homem é a mais reconhecível – raiva, malícia, hostilidade; e manifestações positivas como diligência, vontade de viver, ação. Infelizmente, o Fogo nos cega, de forma que essas qualidades tomam precedência, e a ação é realizada sem intelecto; destruição sem compaixão; ódio sem fundamento.

O Fogo espalha-se com rapidez, mas apenas enquanto durar o combustível. Deve ser primeiro temperado com Água, para resfriar suas chamas, e ser alimentado com o Ar, para mostrar o erro em seus caminhos.

O Fogo sagrado, ou paixão sexual, é um dom que reside no interior da pessoa. Todos deveriam desfrutar e usar esse dom. Contudo, quando as chamas do Fogo crescem, tornam-se um inferno e dominam a vida de uma pessoa. Esse estado de coisas denota um grande desequilíbrio; uma ação reparadora deve ser empreendida com urgência em relação a isso.

O Fogo pode ser um dos elementos mais influenciáveis, e suas cicatrizes duram mais tempo; porém, suas chamas podem ser rapidamente extintas ao entrar em contato com a consciência da Água.

Entre os Deuses e as Deusas do Fogo estão Vesta, Hestia, Vulcano, Pele, Brigit e Hórus.

Oferendas ao Fogo devem ser queimadas em chamas poderosas.

Água

Gênero: Feminino, Passivo
Cor: Azul
Horário do Dia: Crepúsculo, Pôr do Sol
Direção: Oeste
Estação: Outono
Instrumento: Cálice/Caldeirão
Momento na Vida: Maturidade
Naipe do Tarô: Copas
Qualidades: Amor, Caridade
Animais: Golfinhos, Peixes, Focas, Todas as Criaturas Marinhas
Metal: Mercúrio
Rei: Nicksa
Espíritos: Ondinas
Joia: Água Marinha
Lugares Regidos: Lagoas, Fontes, Poços, Lagos, Mar, Praias
Símbolos Naturais: Lagos, Oceano, Chuva, Neblina, Névoa, Onda do Mar
Instrumentos Musicais: Sistro, Címbalo, Gongo, Qualquer Metal Ressonante
Signos Astrológicos: Câncer, Escorpião, Peixes

Poderes Mágicos: Prazer, Casamento, *Handfastings*, Fertilidade, Felicidade, Reuniões, Sexo, Amor, Sono, Sonhos Proféticos, Aprendizado e Absorção
Sentido: Paladar
Qualidades Positivas: Compaixão, Gentileza, Receptividade, Perdão, Fluidez
Qualidades Negativas: Mente Fechada, Instabilidade, Fraqueza de Caráter, Falta de Comprometimento, Grosseria, Negligência
Tipos de Erva: Corpulenta, Aquosa, que Cresce Próxima ou Dentro da Água, Amorosas, Emocionais, Sonhadoras, Soporíferas e com Muitas Folhas

Ervas da Água

Uvas	Alface	Cânfora
Jasmim	Lótus	Pepino
Laminaria e Algas Marinhas	Meimendro	Beterraba Sacarina
Lythrum	Camomila	*Levisticum officinale*
Papoula	Beladona	Cânhamo
Laranja	Salgueiro	Limão
Agrião	Melões	Lúpulo
Raiz de Lírio Florentino	*Scutellaria barbata*	Tilápia e Tamareira
Fava de Tonka	*Potentilla erecta*	

A Água é o amor da Bruxa. É a base emocional por meio da qual tudo é influenciado. É o elemento emocional em virtude da natureza fluida de nossas emoções. No entanto, a fluidez pode ser tanto virtude quanto vício; a Água não deve ser deixada sem supervisão ou exame.

A Água é o elemento do amor, da absorção, da fertilidade. Pensa-se nela tradicionalmente como elemento feminino, pois o Fogo é masculino. O subconsciente é simbolizado por este elemento; sempre em movimento, germinando, como o mar que não descansa dia e noite. Já a mente consciente é simbolizada pelo Ar.

O grande dilúvio, tão presente na atualidade através da fábula, foi uma manifestação do poder de limpeza da Água. Sendo assim, a Água simboliza pureza e é empregada em ritos de batismo no mundo todo.

A Água é fresca, mas nunca fria; reconfortante, move-se suavemente. Está ao nosso redor; a chuva é purificadora não apenas para os objetos físicos, mas também para as vibrações emanadas nos lugares habitados por seres humanos.

O banho é um encontro entre a Água e a espécie humana; deve ser algo lento, soporífico e sonhador. Nunca force a Água a fazer com que algo aconteça; ela deve ser gentilmente persuadida e, uma vez que você tiver lançado um desejo na poça de água, ela há de lhe enviar seus anéis e realizá-lo se suas marés e seus fluxos estiverem justos e bons. E se o desejo for justo e bom.

Entre os deuses da Água e dos Mares estão os seguintes: Eura, Nea, Fontus, Dylan, Poseidon, Amfitrite, Feronia, Varuna. Há também numerosos deuses e deusas dos Poços, Rios e Lagos; a mitologia está repleta deles.

Os Planetas

O Sol

Masculino, Real, Quente, Seco, Positivo
Vocações: Teatro, Cinema, TV, Rádio, Produtores de Cinema, Políticos, Executivos, Financistas, Diretores, Diplomatas, Superiores, Oficiais, Todos os Empregadores, Chefes de Grupos
Deuses do Sol: Apolo, Adônis, Rá, Baal, Bamieiro, Helios, Hórus, Mitra, Arthur, Herne
Música: "Suíte do Balé Pássaro de Fogo" (Stravinsky), "O Grande Portão de Kiev" (Mussorgsky)
Palavras-chave: Vitalidade, Individualidade, Vontade, Poder, Liderança, Vigor, Ego, Princípio Masculino, Criatividade, Autoridade
Joias e Metais: Ouro, Rubi, Diamante, Crisólita, Topázio, Citrino
Animais e Pássaros: Leão, Águia, Galo, Papagaio, Cavalo, Cisne, Gavião da Europa, Fênix, Dragão
Valor Numérico: 6
Cores: Dourado, Laranja
Símbolos: Lampejos de Luz, Relâmpago, Centelhas, Fogo, Objetos que Emitem Luz Naturalmente, Calidez
Dia da Semana: Domingo
Perfume e Aromas: Canela, Mirra
Lugares Regidos: Palácios, Montanhas, Campinas, Raio de Sol, Bosques, Salas/Quartos Superiores
Madeira: Carvalho ou Folha de Louro
Ervas: O Sol é regente de todas as resinas, como olíbano, resina de aroeira, benjoim, estoraque e láudano. Das ervas, ele tem domínio sobre aquelas que apresentam uma cor dourada (açafrão) ou uma forma similar (girassol), ou o hábito de se voltarem para o Sol, como o heliotrópio. Também é regente de muitas plantas que têm florescências douradas ou de cor de laranja.

Angélica	Heliotrópio	Açafrão	Olíbano
Peônia	*Levisticum*	Erva-de-são-joão	Resina de aroeira
Freixo	*officinale*	Estoraque	Benjoim
Louro	Calêndula	Drósera	

Burnet	Milho	Girassol	Mirra
Camomila	Rice	*Potentilla erecta*	Arnica
Celidônia	Visco	Uva	Damiana
Centaurium	Láudano	Abacaxi	Henna
euphrasia	Alecrim	Toranja	Laranja
Cássia	Arruda	Oliva	Caju
Canela	Trevo	Azevinho	
Ginseng	Noz	Cravo-da-índia	
Zimbro (Junípero)	Amêndoa	Uvas-passas	
Carvalho	Coco	Amendoim	
	Helianthus		

Bebidas: Vinhos Tintos, Café, Chá, Suco de Laranja, Suco de Toranja, Hidromel

Tom: D (ré)

Parte do Corpo: Baço, Coração, Coluna, Olho Direito, Parte Frontal da Glândula Pituitária, Parte da Tireoide, Fluido Vital, Oxigênio

Tipos de Feitiços: Cura, Poder Divino, Trabalho, Líderes Mundiais, todas as ações envolvendo Empregadores e Promoções e Políticos

A Lua

Feminino, Frio, Úmido, Negativo

Vocações: Trabalhos Domésticos, Culinária, Lavar, Pecuária, Navegar, Serviços Navais, Pescaria, Hotelaria, Imóveis, Pousadas, Indústria Alimentícia, Clarividência (Profissional)

Deusas da lua: Hécate, Diana, Ísis, Lucina, Selene, Artemis, Luna, Cynthia, Phoebe, Anna, Hathor

Música: "Clair de Lune", de Debussy (Aspecto da Donzela); "Hymn to the Moon", de Turandot (A Idosa); e o "Hymn to the Sun", da ópera "O Galo de Ouro", de Rimsky-Korsakov (A Grande Mãe)

Palavras-chave: Doméstico, Instintivo, Impressionável, Nutritivo, Receptividade, Princípio Feminino, Fecundação, Resposta, Flutuação, Imagem no Espelho

Joias e Metais: Pedra da Lua, Pérola, Prata, Esmeralda, Berilo, Cristal, Quartzo

Animais e Pássaros: Molusco, Mosquito, Morcego, Mariposa, Coelho, Lebre, Rouxinol, Caracol, Rã, Gato, Cisne, Coruja, Rato de Campo, Elefante, Ganso, Corça, Lontra

Valor Numérico: 9

Cores: Branco, Prateado, Verde-claro

Símbolos: Espelhos, Bolas de Cristal, Lagos, Conchas Redondas, Leite

Dia da Semana: Segunda-feira

Perfume e Aromas: Cânfora, Jasmim, Sândalo

Lugares Regidos: Desertos, Madeiras, Rochas, Florestas, Lagos

Madeira: Salgueiro.

Ervas: A lua rege as folhas de ervas que tenham uma natureza fria, como o alface e a sempre-verde invernal. Ervas de outros tipos são por ela regidas, como as de folhas macias e suculentas, aquelas que vivem na água ou perto dela, plantas noturnas, frutas grandes e suculentas e as que mostram uma assinatura lunar como *Lunaria annua*, *Botrychium* e sene.

Acanto	Lírio	Saxifraga
Bandeira Amarela	Cânfora	*Erythronium*
Botrychium	Goiveiro Amarelo	Limão
Eucalipto	Morrião dos Passarinhos	Papoula
Lírio-d'Água	Repolho	*Hydrastis canadensis*
Pepino	Alfena	Agrião
Melão	Rosa Silvestre	*Dwarf Rocket Grass*
Abóbora	Salgueiro	Manga
Lótus	Íris	Nabo

Sempre-viva Invernal
Alface
Banana
Cálamo
Céreo que Floresce à Noite
Endívia
Todas as Abóboras

Fruta-pão
Purslane
Cana-de-açúcar
Sálvia
Ruibarbo
Alguns Cogumelos
Limão

Algas Marinhas
Sene
Kiwi
Arrach
Ardue
Azevinho do Mar

Bebidas: Limonada, Vinho Branco, Leite, Creme
Tom: F (fá)
Parte do Corpo: Esôfago, Útero, Ovários, Olho Esquerdo, Peito, Sistema Linfático, Sistema Nervoso, Glândula na Região Retroesternal
Tipos de Feitiços: Clarividência, Trabalho com Sonhos, o Mar, Culinária, Agricultura, Fertilidade, Medicina, o Lar e a Família

Mercúrio

Hermafrodita

Vocações: Mundo das Publicações, Editores, Escritores, Bibliotecários, Vendedores de Livros, Empresas de Comunicação, Professores de Faculdade, Professores de Escola, Indústria de Aviões, Filósofos, Vendedores

Deuses e Deusas de Mercúrio: Thoth, Hermes, Anúbis, Atena, Maat

Música: "Sinfonia Clássica", de Prokofiev, ou "Mercury", da suíte "Os Planetas", de Holst.

Palavras-chave: Intelectualidade, Criatividade, Ciência, Eloquência

Joias e Metais: Cornalina, Água Marinha, Ágata, Mercúrio, Alumínio, Ligas de todos os tipos, Electrum (Liga de ouro e prata), Topázio Laranja, Quartzo, Opala

Animais e Pássaros: Raposa, Macaco, Lince, Aranha, Formiga, Doninha, Hiena, Andorinha, Pega, Íbis, Macaco, Cegonha, Cobra

Valor Numérico: 8

Cor: Amarelo

Símbolo: Asas

Dia da Semana: Quarta-feira

Perfume e Aromas: Flor de Noz-moscada, Narciso

Lugares Regidos: Locais Públicos, Cidades, Locais de Aprendizado

Madeira: Nogueira

Ervas: Mercúrio é regente de todas as descamações e podas de madeira e frutos, como flor de noz-moscada, casca de cidra, bagas de louro e todas as sementes odoríferas. Das ervas, aquelas que têm uma natureza fina e aérea; plantas com folhas e caules finamente divididos, como gramas e samambaias; as que têm um odor sutil; as que são importantes como alimentos.

Calamintha	Endro	Cuminho Persa
Ínula	Funcho	Feno Grego
Linho	Nogueira	Marroio-branco
Lavanda	Lírio do Vale	Alcaçuz
Samambaia	Manjerona	Amora
Cogumelo	Murta	Romã
Satureja	Aipo	Artemísia
Áster	Trevo	Valeriana
Flor da noz-moscada	Cidra	Louro
Aipo	Cenoura	Aveias
Todas as Samambaias	Todas as Gramas	Noz-moscada
Salsa	Pastinaca	Castanha-do-pará
Eufórbio	Cavalinha	*Cynoglossum*
Cáscara	Sagrada	

Bebidas: Suco de Romã, Suco de Cenoura, Suco de Aipo
Tom: B (si)
Parte do Corpo: Cérebro e Sistema Nervoso, Tireoide, Sistema Respiratório e Pulmonar, Impulsos Nervosos, Boca, Língua, Glândula Paratireoide, Hemisfério Direito do Cérebro, Nervos Auditivos, Cordas Vocais
Tipos de Feitiços: Estudos, Ensino, Adivinhação, Previsões, Autoestima, Comunicações de Todos os Tipos, a Mente, Celibato

Vênus

Feminino, Benéfico, Cálido, Úmido, Frutífero, Negativo/Inferior em Fortuna

Vocações: Arte e todos os Artistas, Músicos, Modelos de Alta Moda, Perfumistas, Cabeleireiros, Manicures, Cantores, Pintores, Decoradores de Interior

Deuses e Deusas: Afrodite, Hathor, Vênus, Astarte, Freya, Ishtar, Eros, Pã, Mari

Música: "Vênus", da suíte "Os Planetas", de Holst, "Conserto para Violino N.1", de Max Bruch

Palavras-chave: Luxo, Beleza, Amor, Prazer, Celebração, Sexo, Parcerias, Harmonia

Joias e Metais: Cobre, Esmeralda, Turquesa

Animais e Pássaros: Borboleta, Abelha, Perdiz, Pavão, Ovelha, Bode, Lince, Camelo, Pombo

Valor Numérico: 7

Cor: Verde

Símbolo: Mulher Bonita, pente e espelho

Dia da Semana: Sexta-feira

Perfume e Aromas: Âmbar Cinza, Almíscar, Benjoim, todos os Perfumes e Óleos Essenciais caros, Óleo de Pétala de Rosa, Jasmim

Lugares Regidos: Fonte, Campinas, Jardins, Litorais, Salões de Beleza

Madeira: Maçã ou Murta

Ervas: Vênus tem domínio sobre todas as flores doces, como rosas, violetas e similares. Ervas com flores vistosas e aroma agradável e com aquelas com folhagem e frutos macios; às vezes com rubor ou toque de vermelho, como a maçã ou flores verdes.

Maçã	Amieiro	Bétula
Amora Silvestre	Bardana	Gatária
Cereja	Tussilago	Columbina
Narciso Selvagem	Margarida	Orégano-de-creta
Trigo	Camomila	Favas
Morango	Dedaleira	Atanásia
Ervilha	Tomilho	Lentilhas
Verbena	Gerânio	Violeta
Solidago	Milrym	Malva
Milefólio	Menta	Pêssego
Artemísia	Prímula	Poejo
Alkana tinctoria	Mirta	Rosa

Asteraceae
Tanchagem
Nogueira da Bruxa
Alcachofra
Ameixa
Framboesa
Sabugueiro

Senecio vulgaris
Tomate
Limão Verbena
Damasco
Uva
Amora Silvestre

Melilotus
Groselha
Hortelã
Figo
Pêssego
Oliva

Bebidas: Suco de Cereja, Vinho de Cereja, Suco de Tomate, Néctar de Damasco, Vinho de Ameixa, Cidra de Maçã, Julepo de Menta
Tom: E (mi)
Parte do Corpo: Sangue Venoso, Veias, Pele, Cabelo, Sentido do Toque, Garganta, Bochechas, Rins
Tipos de Feitiços: Amor, Prazer, Arte, Música, Composição de Incensos e de Perfumes, Parcerias, Rituais Envolvendo Mulheres, Amizades, Herbalismo

Marte

Masculino, Maléfico, Quente, Seco, Positivo/Inferior em Fortuna, Infrutífero

Vocações: Serviços Armados, Engenharia, Odontologia, Química, Barbeiros, Cirurgiões, Açougueiros e Processadores de Carne, Polícia, Carpinteiros, Xerifes. Todas as vocações relacionadas à Guerra. Produção de Rebanho, Esportes (especialmente os violentos), Caça.

Deuses e Deusas: Ares, Minerva, Marte, Hu, Hórus, Atena, Bellona

Música: Todas as marchas, "Marte", da suíte "Os Planetas", de Holst

Palavras-chave: Agressão, Paixão, Energia, Cirurgia, Sangue, Falta de Atenção, Vingança

Joias e Metais: Heliotrópio, Granada, Rubi, Jaspe e Ferro

Animais e Pássaros: Escorpiões, Cobras Venenosas, Vespa, Falcão, Abutre, Hiena, Tigre, Lobo, Mula, Asno

Valor Numérico: 5

Cor: Vermelho

Símbolos: Sangue, Espada Desembainhada, Arma de Fogo

Dia da Semana: Terça-feira

Perfume e Aromas: Benjoim, Enxofre, Tabaco

Lugares regidos: Campos de Batalha, Padarias, Casas de Vidro, Locais de Caminhadas, Locais de Execução, Delegacias, Prisões

Madeira: Espinheiro

Ervas: Marte é regente de ervas que têm espinhos (exceto pela rosa), como espinheiro, cardo, sarças; aquelas que vivem em locais secos e nos desertos, como os cactos; aquelas que têm propriedades estimulantes, como a pimenta ou a cebola; e as que têm coloração vermelha.

Anêmona	Bérberis	Basílico
Bryonia	Giesta	Gengibre Azul
Alho	Espinheiro	Madressilva
Lúpulos	Absinto	Cebola
Salsa	Pimenta	Rabanete
Pimentão	Ruibarbo	Eruca Sativa
Salsaparrilha	Estragão	Tabaco
Aspérula	Cardos	Coentro
Cascarilha	Gengibre	Cebolinha
Ranunculus ficaria	Lactuca	Tamarindo
Sarraceniales	Cravos	Sarça
Rubia	Tojo	Todos os Cactos

Bebidas: Cerveja de Gengibre, Cerveja Preta, Tequila
Tom: C (dó)
Parte do Corpo: Sistema Muscular, Corpúsculos Vermelhos, Gônadas, Adrenalina, Nervos Motores
Tipos de Feitiços: Desejo Sexual, Força Física, Coragem, Política, Debates, Guerra, Concursos, Competições, Homens, Conflitos, Caça, Cirurgia, Atividades Físicas

Júpiter

Masculino, Benéfico, Cálido, Frutífero, Positivo

Vocações: Lidar com Dinheiro, Caixa de Banco, Governo, Políticos, Igreja, Exploradores, Descobridores, Oficiais, Propaganda, Coleta de Crédito e Instituições de Poupança, Jogos de Azar, Especulação, Mercado de Ações

Deuses e Deusas: Júpiter, Zeus, Cronos, Osíris, Hera, Juno, Themis, Marduk

Música: "Júpiter", da suíte "Os Planetas", de Holst, "Marcha dos Mestres Cantores", de Wagner, "Sinfonia do Novo Mundo", de Dvorak

Palavras-chave: Expansão, Limpeza, Generosidade, Crescimento, Riqueza

Joias e Metais: Ametista, Estanho, Lápis-Lazúli, Safira Escura

Animais e Pássaros: Cervo, Águia, Unicórnio

Valor Numérico: 4

Cor: Roxo ou Azul Muito Escuro

Símbolo: Moeda do Reino

Dia da Semana: Quinta-feira

Perfume e Aromas: Bálsamo, Canela, Noz-moscada

Lugares Regidos: Teatros, Casas de Música, Bancos, Cofres

Madeira: Abeto ou Pinho

Ervas: Júpiter é regente dos frutos odoríferos, como, cravo-da-índia, noz-moscada, etc. Além disso, das ervas que com frequência apresentam o padrão de quatro, para honrar o número de Júpiter. Plantas que são frequentemente grandes, comestíveis, nutritivas e de odor agradável; aquelas com flores roxas ou violeta.

Agrimônia	Endívia	Malva	Aspargo
Orégano	Fava de Baunilha	Erva-benta	Jasmim
Aruncus	Bálsamo	Mirra	Castanha
Betônia	Carvalho	Mamão Papaia	Borragem
Cravina	*Filupendula ulmaria*	Cerefólio	Sálvia
Echium vulgare	Trevo-de-cinco-folhas	Sumagre	*Bilbury*
Balsamita	Datura	Anis	Dente-de-leão
Nabo	*Plantaginaceae*	Bardana	Noz-moscada
Groselhas	Fava de Tonka		

Bebidas: Néctar de Mamão Papaia, Vinho de Dente-de-leão, Chá de Jasmim
Tom: A (lá)
Parte do Corpo: Sistema Arterial, Fígado, Gorduras, Secreções do Pâncreas (Insulina), Glândula Suprarrenal
Tipos de Feitiços: Riqueza, Prosperidade, Problemas Monetários, Problemas Legais, Sorte, Materialismo, Expansão

Saturno

Feminino, Maléfico, Frio, Seco, Árido, Negativo

Vocações: Senhorios, Proprietários de Terras, Vendas de Antiguidades, Imóveis, Funcionários de Refinarias, Fabricantes de Concreto, Pedreiros, Cientistas Pesquisadores, Trabalhadores de Fazenda, Asilos/Trabalhadores de Asilos, Arranjos de Funerais e Serviços de Necrotérios, Cemitérios e Coveiros, Prédios Históricos. Escavações, Arqueólogos, Funcionários de Museu.

Deuses e Deusas: Ísis, Deméter, Marah, Kali, Kronos, Saturno, Ninib, Hécate

Música: Marchas fúnebres, Cantos fúnebres, "Saturno", da suíte "Os Planetas", de Holst. "Sinfonia No1", de Shostakovitch

Palavras-chave: Morte, Decadência, Separação, Edifícios, Destino, Antiguidade, Tempo

Joias e Metais: Calcedônia, Ônix, Coral Negro, Jade, Âmbar Negro, Ônix (usada na confecção de camafeus), Malaquita, Chumbo

Animais e Pássaros: Abutre, Besouro, Crustáceos, Toupeira, Coruja, Castor, Porco, Bode, Garça, Avestruz, Crocodilo, Ventoinha, Dragão, Corvo

Valor Numérico: 3

Cor: Preto

Símbolo: Restos Mortais

Dia da Semana: Sábado

Perfume e Aromas: Algália, Alume, Almíscar

Lugares Regidos: Abóbadas, Tumbas, Monastérios, Catacumbas, Edifícios Vazios, Cavernas, Covas, Poços

Madeira: Álamo (Choupo) ou Amieiro

Ervas: Saturno é regente de raízes, como raiz de *Lepidium latifolium* e, em termos de ervas, é regente daquelas com flores insignificantes, folhagem verde desbotada, odor e aroma desagradáveis; e quase todas as ervas de banimento, como *Helleborus*, *Solanaceae* e plantas com flores negras ou bem escuras.

Acônito	*Helleborus*	Verbasco
Teixo	Cevada	Pinheiro-do-canadá
Solanaceae	*Woad*	Beterraba
Meimendro	Álamo (Choupo)	Espinafre
Confrei	Cânhamo	*Seneceo jacobaea*
Bistorta	Cipreste	Azevinho
Ameixeira-brava	Marmelo	Batata

Hera
Olmo
Assa-fétida
Salgueiro
Musgos de todos os tipos
Nux vomica
Xanthium

Tamarisco
Zimbro (Junípero)
Fumaria
Sempre-viva
Cavalinha

Selo-de-salomão
Armeria
Sanguinária
Agrião
Mandrágora
Cuscuta

Bebidas: Vodca
Tom: G (sol)
Parte do Corpo: Baço, Ossos, Ligamentos, Dentes, Sais Minerais, Ouvido, Vesícula Biliar, Pele, Ossos
Tipos de Feitiços: Edifícios, os Mais Velhos, Funerais, Vontades, Doenças e Pestes Destruidoras, Acabar com Maus Hábitos, Términos de todos os tipos

Correspondências Astrológicas de Cores

A seguir, apresentamos uma lista de correspondência de cores para ser consultada quando você estiver preparando seus próprios rituais.

Áries	Vermelho-escarlate
Touro	Azul
Gêmeos	Amarelo
Câncer	Branco, Verde, Prata
Leão	Dourado, Amarelo
Virgem	Azul, Violeta, Amarelo
Libra	Lavanda, Azul
Escorpião	Vermelho, Castanho-avermelhado, Marrom
Sagitário	Laranja, Roxo
Capricórnio	Índigo
Aquário	Azul, Verde
Peixes	Roxo, Verde

A Lua

Lua Nova: Branca, simboliza a Donzela
Lua Cheia: Vermelho, simboliza a Mãe
Lua Minguante: Preto, simboliza a Anciã

Os Elementos

Ar	Amarelo
Fogo	Vermelho
Água	Azul
Terra	Verde

Os Planetas

Sol	Dourado, Amarelo
Lua	Prata, Branco
Júpiter	Azul, Roxo
Marte	Vermelho
Mercúrio	Amarelo
Vênus	Verde
Saturno	Preto

As Estações

Inverno é o BRANCO da neve
Primavera é o VERDE das plantas
Verão é o DOURADO do Sol
Outono é o VERMELHO das folhas que caem

Dias da Semana

Domingo	Dourado ou Laranja
Segunda-feira	Prata ou Branco
Terça-feira	Vermelho
Quarta-feira	Amarelo
Quinta-feira	Roxo
Sexta-feira	Verde
Sábado	Índigo ou Preto

Cores do Manto como Usadas em Alguns Covens

Marrom: Aqueles que trabalham com animais
Verde: Aqueles que trabalham com ervas
Azul: Aqueles que curam
Branco: Aqueles que escrevem poesia e música
Roxo: Aqueles que trabalham com poder (i.e., magos)
Amarelo: Aqueles que veem (i.e., clarividentes)
Dourado: Alto Sacerdote
Prateado: Alta Sacerdotisa

Cores das Velas

Branco: Pureza, Verdade, Paz, Sinceridade
Vermelho: Força, Saúde, Vigor, Sexo
Preto: Discórdia, Confusão, Banimento, tudo que é de
Azul-claro: banimento
Azul-escuro: Tranquilidade, Entendimento, Paciência, Cura
Verde: Impulsividade, Depressão, Mutabilidade
Prateado/Cinza: Finanças, Fertilidade, Sorte
Dourado/Amarelo: Cancelamento, Neutralidade, Impasse
Marrom: Atração, Persuasão, Charme, Confiança
Rosa: Hesitação, Incerteza, Neutralidade
Honra, Amor, Moralidade
Laranja: Encorajamento, Adaptabilidade, Estímulo, Atração
Verde-claro: Doença, Covardia, Ciúme, Discórdia

Cores de Cordão

Vermelho: Corpo (Físico) – Primeiro Nível
Branco: Mente (Mental) – Segundo Nível
Azul: Alma (Espiritual) – Terceiro Nível

O Corpo e a Astrologia

Áries: Cabeça
Touro: Pescoço
Gêmeos: Ombros e Pulmões
Câncer: Estômago e Peito
Leão: Coração e Costas
Virgem: Intestinos
Libra: Quadris e Rins
Escorpião: Genitália
Sagitário: Quadris e Coxas
Capricórnio: Joelhos
Aquário: Pernas e Tornozelos
Peixes: Pés

O Corpo e os Elementos

Terra: Pés, Pernas, Intestino
Água: Abdôme
Ar: Peito
Fogo: Ombros, Pescoço, Cabeça

Os Números

Números pares são masculinos, ímpares são femininos:

1 é o número da vida, do Universo, de Dryghtyn.
2 é a dualidade perfeita; polaridade, casal masculino/feminino.
3 é a Deusa Tríplice; as fases lunares; os coros físico, mental e espiritual da raça humana.
4 são os Elementos, os Espíritos das pedras, os quadrantes, os ventos e assim por diante.
5 são os sentidos, o pentagrama.
6 são duas vezes três, um número da Deusa.
7 são os planetas, horários de fases da Lua, caminhos de Poder.
8 são os Sabbats ou festivais, e é número do Deus.
9 é o número da Deusa, sendo três vezes três.
13 é o signo do Coven; meses Lunares.
21 é o número de Sabbats e Esbats no ano wiccano.
40 é um número mágico usado em amuletos.
101 é o número da fertilidade.

Os planetas são numerados da seguinte maneira:

Saturno, 3
Júpiter, 4
Marte, 5
Sol, 6
Vênus, 7
Mercúrio, 8
Lua, 9

Magia Rúnica

Runas são símbolos que, quando desenhados, pintados, esculpidos ou visualizados, liberam energias específicas. Como tal, a magia rúnica é surpreendentemente fácil de ser praticada e está vivenciando um renascimento nos dias atuais.

Em tempos antigos, as runas eram raspadas em casca de bétula, osso ou madeira. Elas eram esculpidas em armas para garantir tiros certeiros, entalhadas em taças e cálices para prevenir envenenamento e marcadas nas mercadorias e na casa como proteção.

No entanto, há muita confusão em torno dessas figuras. Alguns sentem que as runas em si contêm poderes ocultos. O mesmo também se diz do pentagrama e de outros símbolos mágicos. O pensamento aqui é de que, simplesmente ao desenhar uma runa, o mago libera poderes sobrenaturais.

Não é este o caso. Runas são instrumentos de magia. Sua potência reside no usuário. Caso meu vizinho desenhasse uma runa de cura em um guardanapo e, posteriormente, usasse-o para limpar sua testa, nenhuma energia de cura seria a ele transferida, simplesmente porque não colocou energia alguma na runa.

Runas devem ser usadas com poder para que sejam eficazes em termos mágicos. Esculpa, pinte ou trace-as, utilizando-se de visualização e energia pessoal.

Os modos de uso das runas são limitados somente por sua imaginação. Por exemplo, se uma amiga me pedisse para acelerar a recuperação de uma doença, eu poderia desenhar uma runa de cura em um pedaço em branco de papel e sentar-me diante dele.

Ao concentrar-me na runa, visualizaria minha amiga em um estado pleno, curada. Em seguida, depois de criar poder pessoal, enviaria a energia a ela na forma da runa. Veria esta mesclando-se com o corpo dela, desbloqueando, tranquilizando, curando.

Ou eu poderia esculpir a runa em um pedaço de madeira de cedro, novamente visualizando saúde perfeita; e dar a ela para que a usasse.

Runas também podem ser feitas em alimentos – com poder – e então comidas para trazer a energia específica de volta para o corpo; marcadas na pessoa com óleo e visualização; esculpidas em uma vela, que é depois queimada para liberar suas energias; traçadas ou visualizadas em um lago ou na banheira antes de entrarmos em ambos.

Para desenhar as runas no papel, cores de tinta específicas relacionadas a cada uma das runas apresentada aqui podem ser encontradas em suas descrições ao lado, podendo ser utilizadas, se você assim o desejar. As cores operam em harmonia com as runas.

Excerto extraído de *Guia Essencial da Bruxa Solitária*, de Scott Cunningham.

Boa Fortuna

Esta é uma runa boa para todos os propósitos; com frequência, é usada para fechar correspondências ou é gravada em joias.

Vitória

Usada em batalhas jurídicas e em magia de propósitos gerais. Desenhada com tinta escarlate, queime-a durante a cerimônia ou carregue-a com você.

Amor

Esta runa é usada não apenas para receber e fortalecer o amor, mas também para enviar amor a um amigo. Desenhe-a com tinta verde-esmeralda.

Conforto

Para trazer alívio e tranquilidade, para enviar ou induzir a felicidade e o conforto. Desenhe-a em verde em cartas, talismãs, etc.

Saúde

Desenhe em tinta roxa. Pode ser usada em petições. Desenhe em seus cartões de visitas, etc. Seu antigo nome é Gilch.

RUNE MAGIC

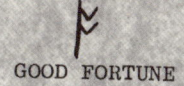

ᚠ
GOOD FORTUNE

This is a good all-purpose rune, often used to close correspondence or engraved on jewelry.

↑
VICTORY

Used in legal battles, and in general-purpose magic. Draw in scarlet ink, burn during ceremony or carry with you.

ᚹ
LOVE

This is used not only to receive and strengthen love, but also to send love to a friend. Draw with emerald green ink.

ᚹ
COMFORT

To bring relief and ease, and to send or induce happiness and comfort. Draw in green or letters, talismans, etc.

ᚼ
WEALTH

Draw in purple ink. It can be used in petitions, drawn on your business cards, etc. It's old name is Gilch.

Posse

Essa runa representa objetos tangíveis. Desenhe-a com tinta roxa ou verde. Também conhecida como "Ogal".

Pensamentos Desordenados

Queime-a para confundir aqueles que a você causariam o mal. Tinta amarela. Além disso, visualize essa runa sobre a cabeça da pessoa ou dentro dela.

Guerra

Para usar em batalhas e conflitos ou fazer com que parem ou tenham início. Para fazer com que um conflito ou uma batalha tenha fim, desenhe-a com tinta vermelha; em seguida, pinte-a completamente com tinta branca ou cor-de-rosa. Ou visualize a runa e esmague-a, vendo-a, em seguida, explodir, deixando de existir.

Homem

Para representar um homem. Tinta vermelha.

Mulher

Para representar uma mulher. Tinta verde.

POSSESSION

This rune represents tangible objects. Draw in purple or green ink. Also known as "Ogal."

DISORDERED THOUGHTS

Burn to confuse one who would do you harm. Yellow ink. Also, visualize this rune on the person's head, or inside it.

WAR

To use in, or to stop or start battles and conflicts. stop one, draw in red ink, then completely blot out with or pink ink or paint. Or, visualize the rune and smash i see it exploding, ceasing to be.

MAN

To represent a man. Red ink.

WOMAN

To represent a woman. Green ink.

Amizade entre dois homens ou irmãos.

Amizade entre duas mulheres ou irmãs.

Amizade entre homem e mulher.

Atividade sexual entre dois homens. Tinta vermelha.

Atividade sexual entre duas mulheres. Tinta verde.

Atividade sexual entre homem e mulher.

Friendship between two men, or brothers.

Friendship between two women, or sisters.

Friendship between man and woman.

Sexual activity between two men. Red ink.

Sexual activity between two women. Green ink.

Sexual activity between man and woman.

Chuva

Desenhe-a com tinta azul em papel branco. Use-a durante rituais para chover, ao ar livre. Deixe que a chuva caia nela e use-a da próxima vez também. Pode ser usada repetidas vezes.

Diversas runas de proteção para serem pintadas, carregadas no plano astral ou gravadas em objetos.

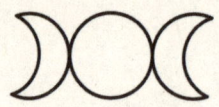

Para as bênçãos da Deusa. Tinta prateada.

Para as bênçãos do Deus. Tinta dourada.

Observação: Runas podem ser visualizadas em qualquer pessoa ou objeto; desenhe-as no plano astral usando o athame, a varinha ou o dedo, ou faça-o com sua mente; desenhe-as com óleo de unção em uma pessoa ou em si mesmo, ou ainda, em um objeto.

RAIN

Draw this in blue ink on white paper. Use it during rain rituals outside. Let rain fall on it, and use next time as well. Can be used over and over.

Various protective runes to paint, astrally charge, or engrave on objects.

For the blessings of the Goddess. Silver Ink.

For the blessings of the God. Gold Ink.

Note: Runes may be visualized on any person or object; astrally drawn using the athame, wand, a finger or with your mind; or drawn with anointing oil on a person or an oneself or an object.

Alfabeto Rúnico

Letra	Runa
A	ᚠ
B	ᛒ
C	ᚲ
D	ᛗ
E	ᛖ
F	ᚡ
G	ᚷ
H	ᚺ
I	ᛁ
J	ᛙ
K	ᛣ
L	ᛚ
M	ᛗ
N	ᛜ
NG	ᛟ
O	ᛪ
P	ᛈ
Q	ᛡ
R	ᚱ
S	ᛋ
T	ᛏ
TH	ᚦ
U	ᚢ
V	ᚡ
W	ᚹ
X	ᛉ
Y	ᛦ
Z	ᛎ

RUNIC ALPHABET

A	ᚨ
B	ᛒ
C	ᚲ
D	ᛞ
E	ᛖ
F	ᚠ
G	ᚷ
H	ᚺ
I	ᛁ
J	ᛃ
K	ᚲ
L	ᛚ
M	ᛗ
N	ᚾ

NG	ᛜ
O	ᛟ
P	ᛈ
Q	ᚲ
R	ᚱ
S	ᛋ
TH	ᚦ
T	ᛏ
U	ᚢ
V	ᚡ
W	ᚹ
X	ᚲᛋ
Y	ᛇ
Z	ᛉ

Signos e Símbolos

Symbols & Signs

- ☽○☾ The Goddess
- ☿ The God
- ⚹ Goddess Position
- ✕ God Position
- ⚰ Great Rite (NOTE: NO LONGER USED)
- ⚱ The Cup
- ⚭ Cord
- ⚸ Censer
- ⊛ Pentacle
- 🜚 Broom
- ⚲ Wand
- ✳ Balefire
- ♅ Cauldron
- ⟰ Altar
- ⊓ Portal
- ☾ Waxing Moon
- ○ Full Moon
- ☽ Waning Moon
- ● Dark; New Moon
- † Sword
- ⚔ Athamé
- ∞ Immortality
- ☼ Sunrise
- ☉ Sunset
- ⌀ Magic Circle
- 🕯 Candle
- ⁂ Salt
- ⚶ Herb
- ⚴ Deadly, Bane, Poisonous
- ↻ Deosil
- ↺ Widdershins
- ◇ Water
- ⚗ Wine

- ⊓ North
- ⊓ East
- ⊓ South
- ⊓ West
- ⇗ Moonrise
- ⇘ Moonset
- ∪ First Admission
- ✶ Second Admission
- ✵ Third Admission

Símbolos são uma importante parte de muitas tradições wiccanas. São usados como taquigrafia mágica no Livro das Sombras; como uma representação gráfica da Wicca ou de uma tradição wiccana específica (em correspondência, talvez); e para dar poder a ferramentas e joias mágicas.

Os primeiros símbolos ritualísticos usados na Wicca surgiram em boa parte da magia cerimonial (particularmente aqueles encontrados na *Chave de Salomão* [*The Key of Solomon*]; ver bibliografia) e da alquimia. Seu número logo aumentou e tornou-se mais especificamente wiccano como símbolos para níveis de iniciação, o Círculo, a Deusa e o Deus. Tradições compartilharam símbolos entre aqueles que as seguiam, começaram a ser publicados, aumentando ainda mais seu uso.

Sua tradição deve usar, provavelmente, alguns símbolos. Símbolos (que são, em certo sentido, um alfabeto compacto) fazem disparar poderosas respostas psicológicas, caso seu observador tenha ciência de seus significados, porque eles falam com sua mente subconsciente.

Você pode criar seus próprios símbolos ou escolher entre as listas apresentadas a seguir. Tenho apenas um aviso para dar: nunca use um símbolo com o qual não esteja familiarizado. Se não souber o significado de um símbolo, é melhor não usá-lo de forma alguma.

Excerto extraído de *Vivendo a Wicca: Guia Avançado para o Praticante Solitário*, de Scott Cunningham.

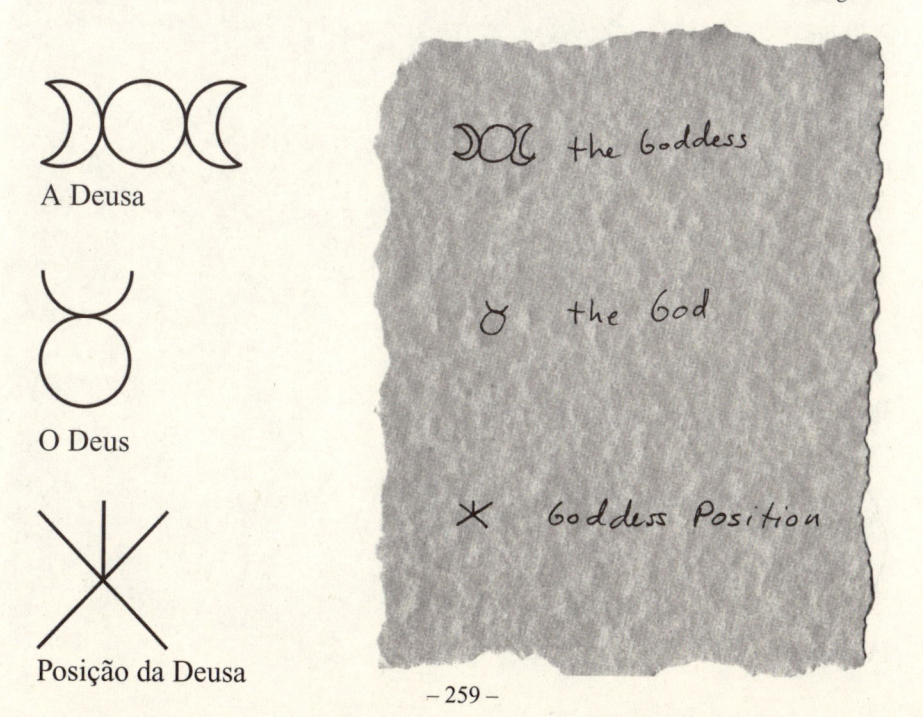

A Deusa

O Deus

Posição da Deusa

Posição do Deus

Grande Rito
(não mais usado)

A Taça

Cordão

Incensório

Pentáculo

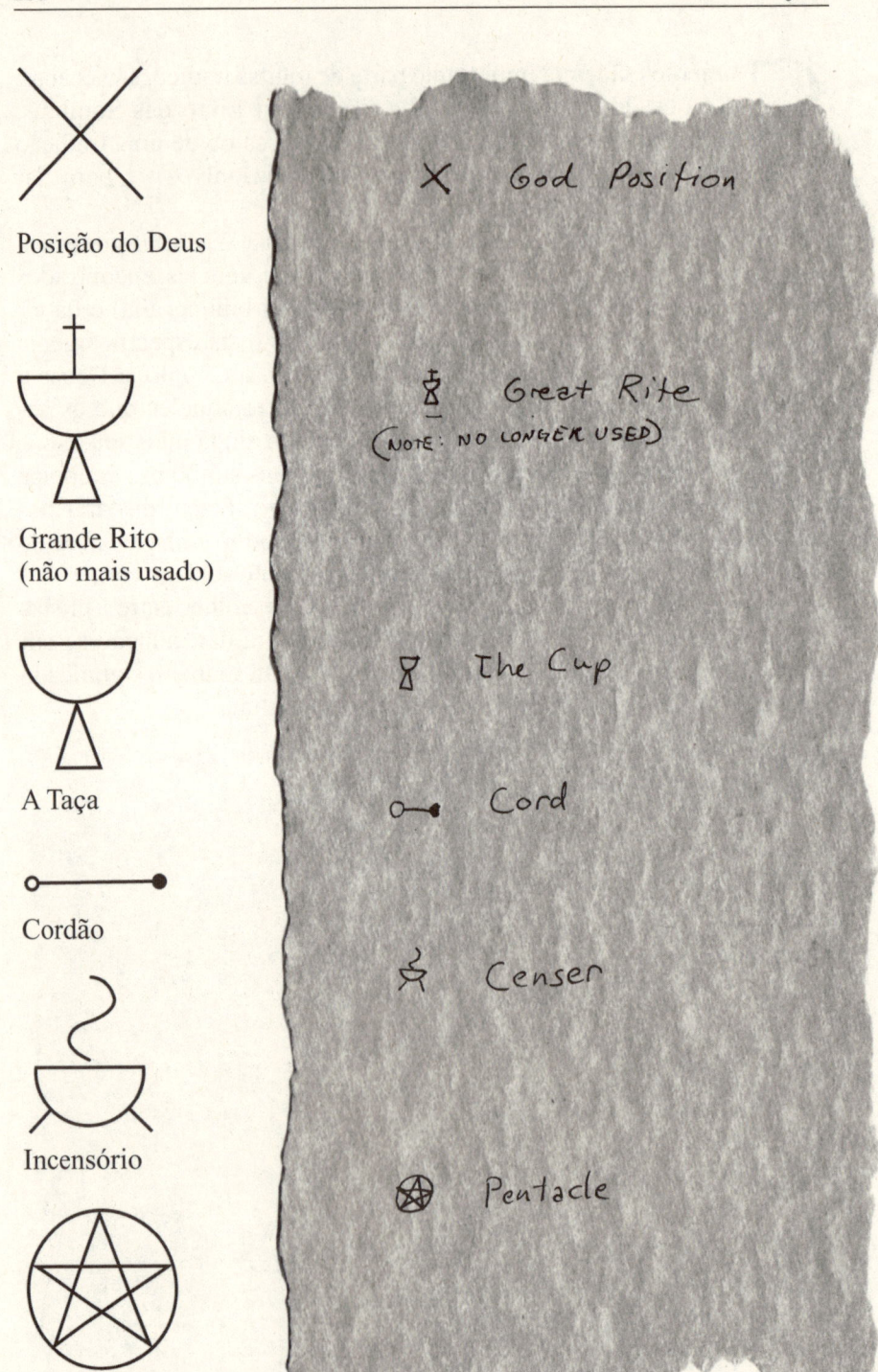

X   God Position

♁   Great Rite
(NOTE: NO LONGER USED)

♀   The Cup

o—•   Cord

≗   Censer

⛤   Pentacle

Signos e Símbolos

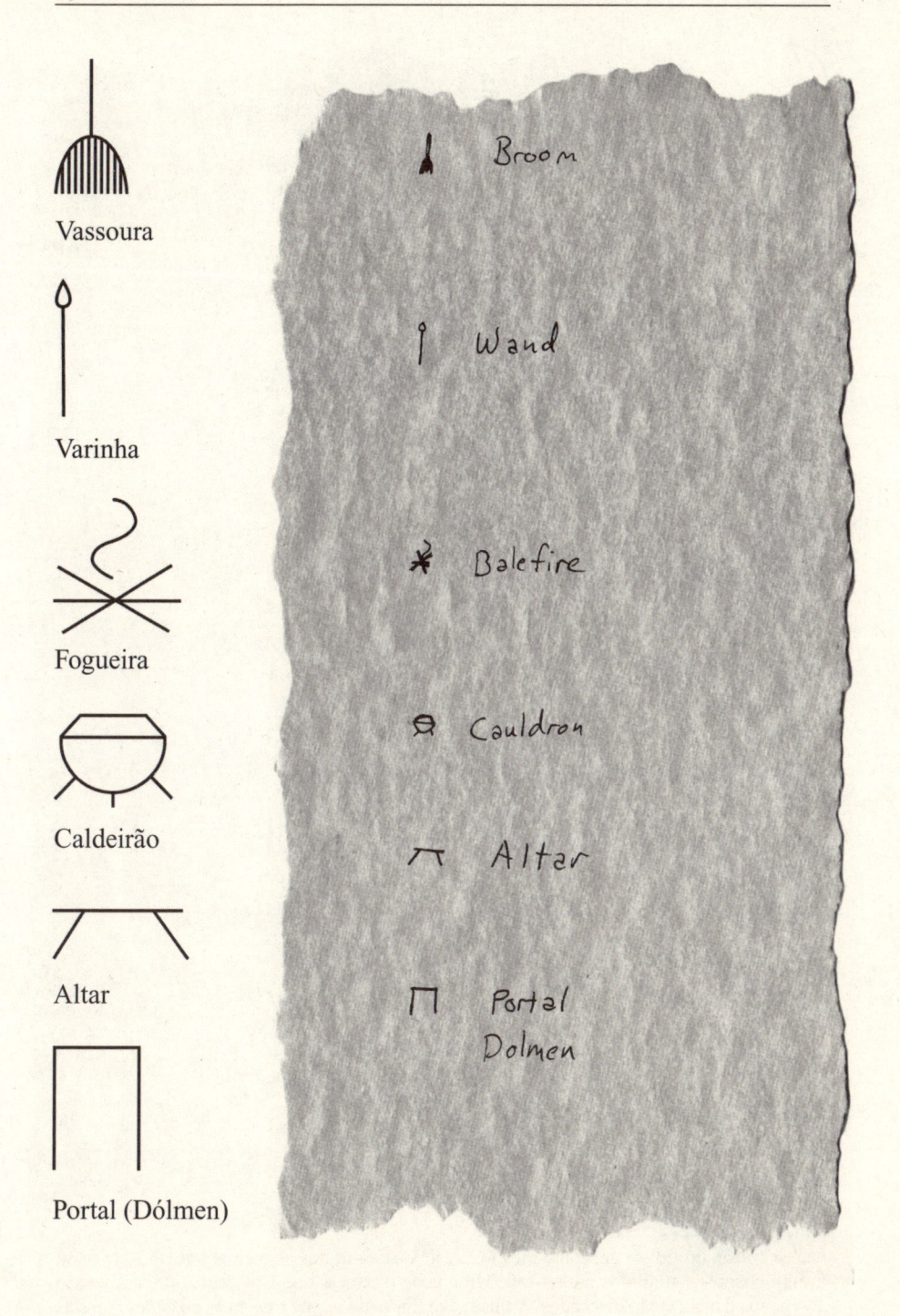

Vassoura

Varinha

Fogueira

Caldeirão

Altar

Portal (Dólmen)

Broom

Wand

Balefire

Cauldron

Altar

Portal Dolmen

☽ * Lua Minguante

◯ Lua Cheia

☾ * Lua Crescente

⬤ Lua Negra/Nova

┴ Espada

⤫ Athame

∞ Imortalidade

☀ Nascer do Sol

☾ Waxing Moon

◯ Full Moon

☽ Waning Moon

⬤ Dark; New Moon

┼ Sword

⤫ Athame

∞ Immortality

☀ Sunrise

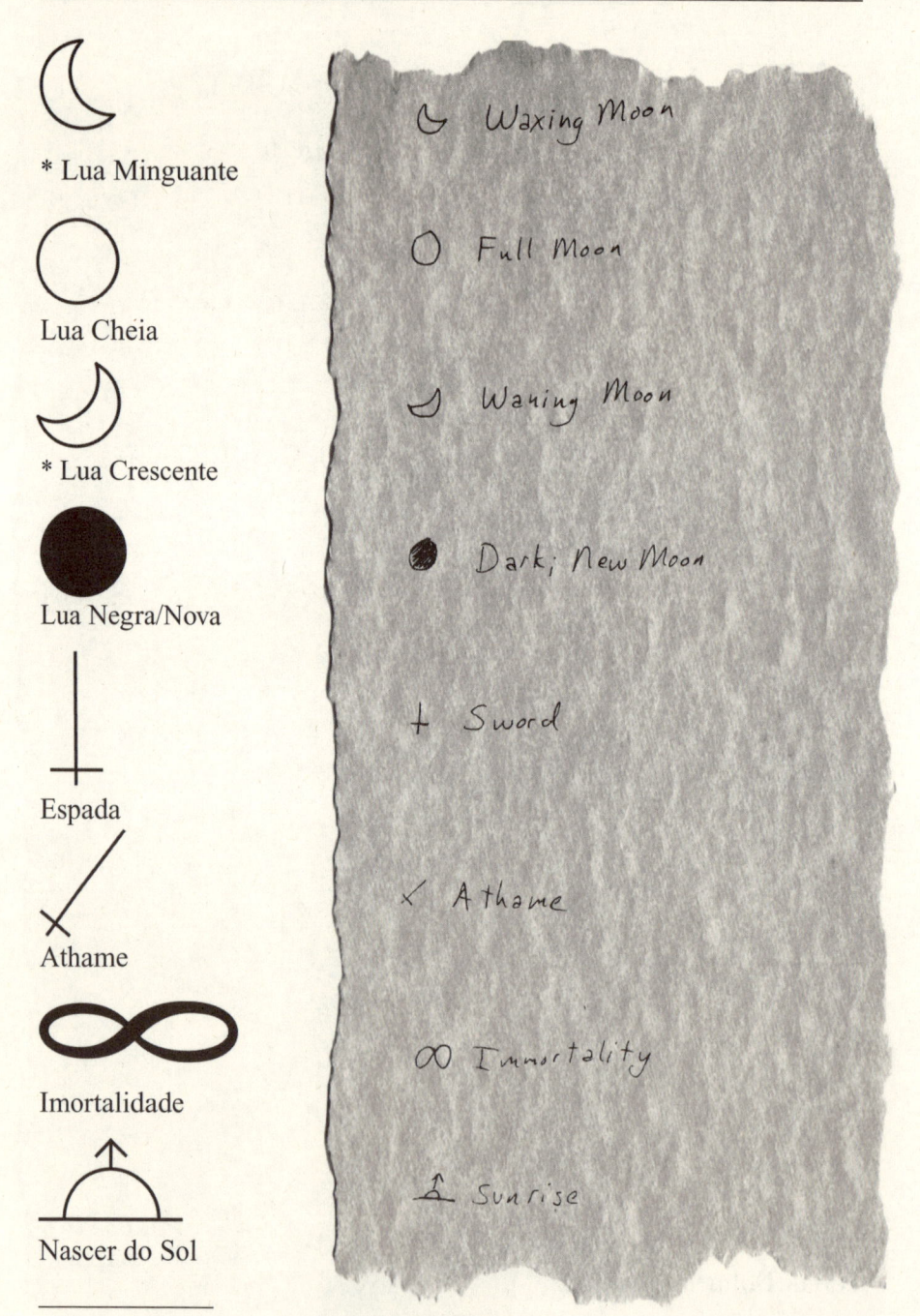

* Observação do Editor norte-americano: Neste que é um dos primeiros trabalhos de Scott Cunningham, os símbolos para a Lua Minguante e para a Lua Crescente, em sua versão desenhada à mão, estão invertidos. A ilustração impressa acima mostra as posições corretas das Luas.

Signos e Símbolos

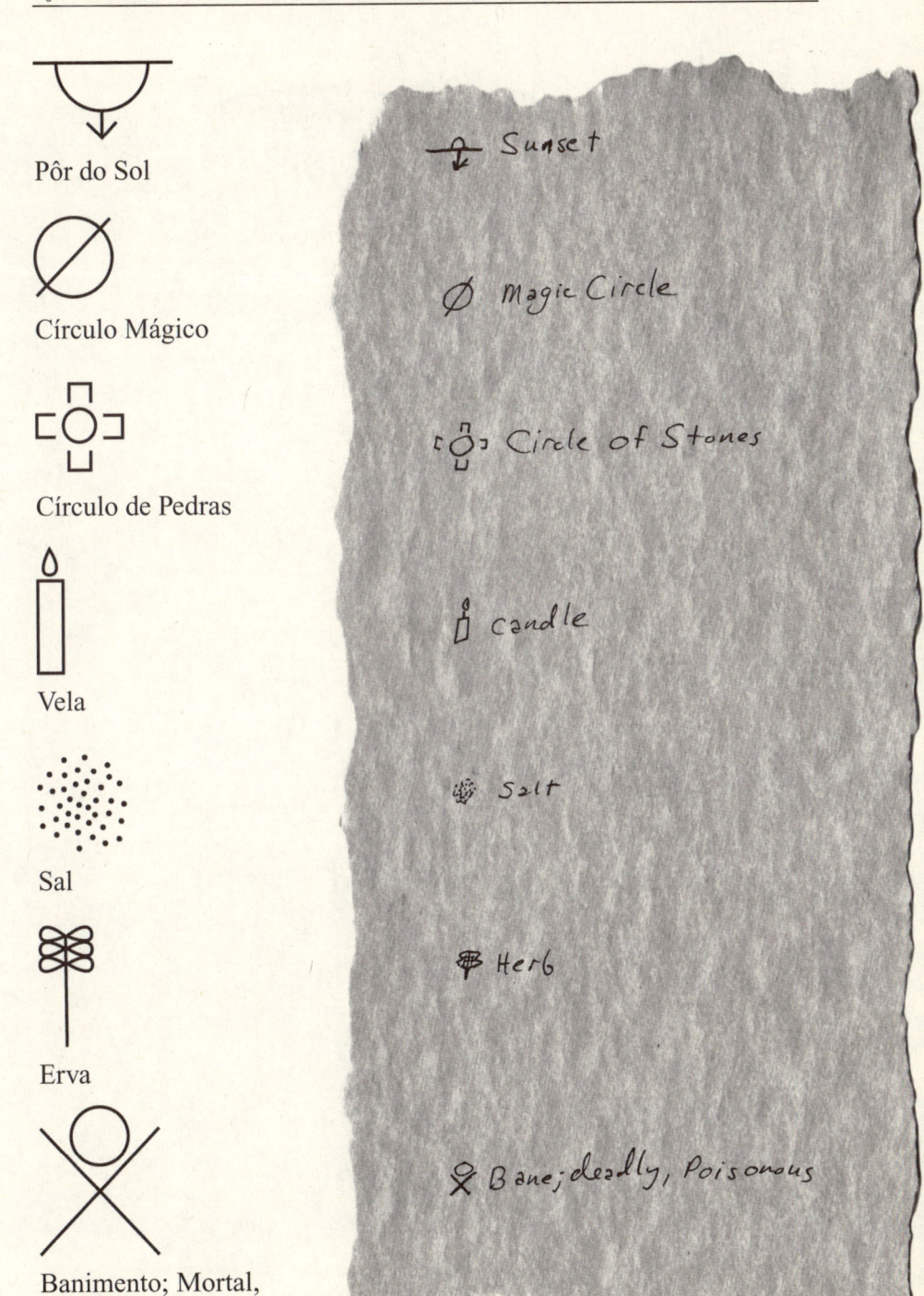

Pôr do Sol

Círculo Mágico

Círculo de Pedras

Vela

Sal

Erva

Banimento; Mortal, Venenoso

Sunset

Magic Circle

Circle of Stones

candle

salt

Herb

Bane; deadly, Poisonous

Direção horária

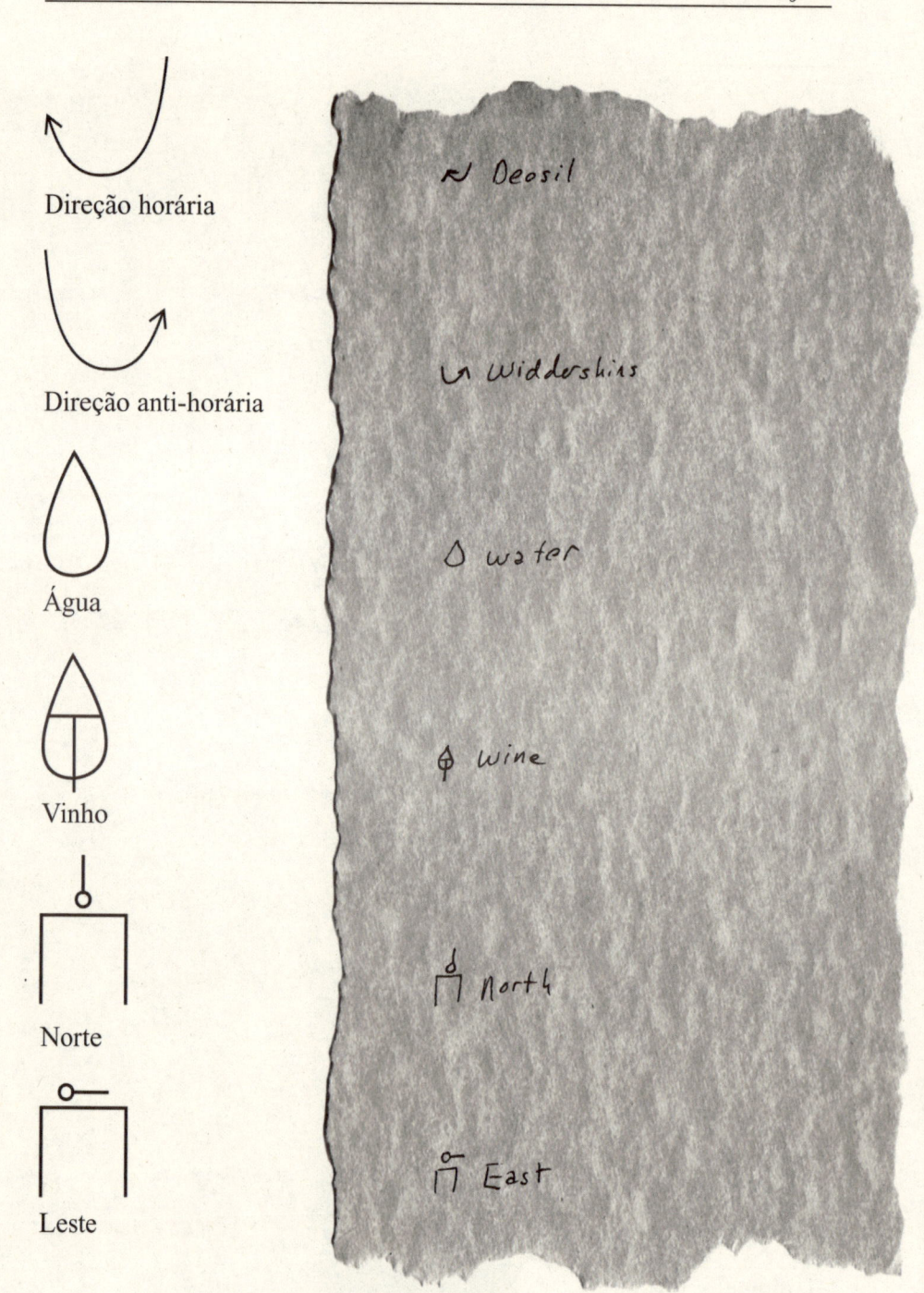

Direção anti-horária

Água

Vinho

Norte

Leste

⁂ Deosil

⁂ Widdershins

⁂ water

⁂ wine

⁂ North

⁂ East

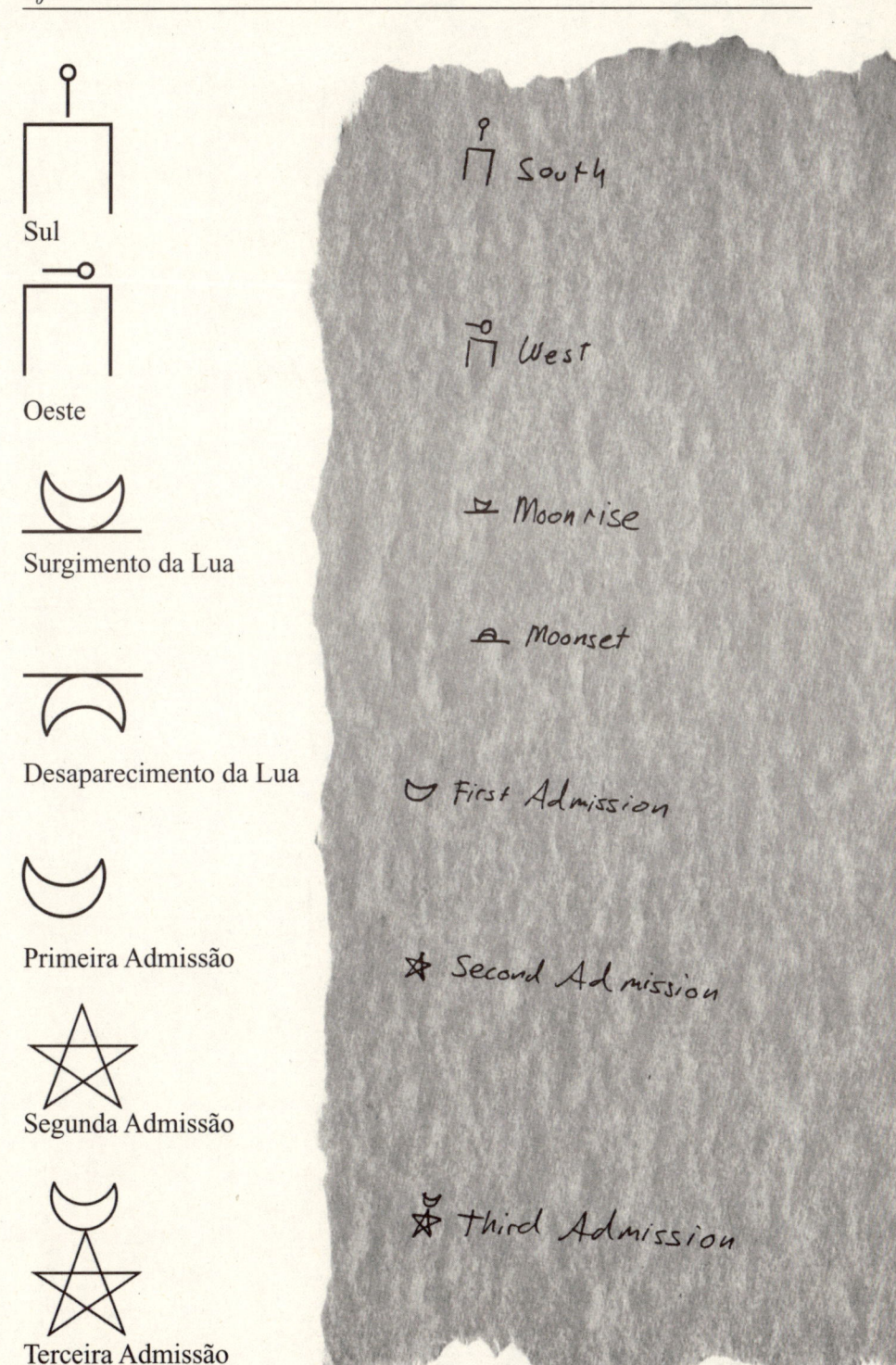

⊓̇	Sul
⊓̇ (lado)	Oeste
☾	Surgimento da Lua
☽	Desaparecimento da Lua
☾	Primeira Admissão
★	Segunda Admissão
☾★	Terceira Admissão

Notas manuscritas:

⊓̇ South

⊓̇ West

◡ Moonrise

◠ Moonset

◡ First Admission

★ Second Admission

☿★ Third Admission

Apêndice I

de Traci Regula

No final de 2008, Bill Krause me ligou da Llewellyn, perguntando se havia algum material de Scott que poderia resultar em um bom livro. Depois de todos esses anos, as obras de Scott ainda estão encontrando novos públicos; há uma necessidade de mais obras dele para uma nova geração de pessoas interessadas em magia.

Várias coisas me vieram à cabeça, mas acabaram se perdendo nas muitas caixas, estantes e formatos de arquivos velhos. Minha busca não foi tão completa como deveria ter sido, principalmente porque confrontar a perda de Scott ainda é algo muito doloroso para mim. Bill foi persistente em suas solicitações, mas parecia que este projeto não chegaria a lugar algum.

Então, uma noite, olhando para a capa de *Whispers of the Moon* [Sussurros da Lua], que tenho em destaque em uma estante envidraçada, do tipo usada por advogados, porque a foto de Scott na capa é minha predileta, lembrei que, anos antes, eu tinha colocado diversos cadernos e envelopes dos materiais de Scott na mesma prateleira, atrás desse livro. Estava ali, há poucos centímetros de onde faço meu trabalho. Ainda assim, eu havia esquecido de que tinha o material até aquele momento. Ergui a porta de vidro e deslizei-a para trás, e procurei, ao acaso, por um envelope de papel pardo bem fechadinho. Nele, na caligrafia que eu conhecia tão bem, estava escrito "The American Traditionalist Book of Shadows" [O Livro das Sombras Tradicionalista Americano], adornado com um pentagrama e com o comentário de que aquele era o manuscrito a ser usado para cópia, a ser enviado aos alunos dele. Era o essencial do curso por correspondência de Scott, que ele havia oferecido aos seus alunos antes de seus livros serem publicados – indiscutivelmente o livro de magia de um jovem feiticeiro, extraído de suas experiências iniciais

– o tipo de coisa que poderia ser esperada de um Harry Potter em processo de amadurecimento, tendo criado tal livro para suas aulas extracurriculares de magia avançada para seus colegas. Ele tinha uma crença ardente de que a Wicca precisava de uma expressão norte-americana. Sentia que a cena amplamente dominada pelos britânicos precisava ser remodelada, surgindo uma crença que abrangesse as qualidades mais americanas de igualdade, independência e uma hierarquia menos restritiva – um Livro das Sombras que enfatizasse uma magia mais natural, mais verde, que pudesse ser praticada de uma forma simples e sagrada por, praticamente, qualquer um.

Quando olhei para o manuscrito, vi tudo aquilo como se olhasse através da água, com minha visão borrada pelas lágrimas presas em meus cílios. As outras obras em diversos estágios de conclusão que achei que Bill poderia considerar eram muito diferentes disso, um sistema completo e básico de magia que Scott havia criado com seu costumeiro cuidado excessivo, que era extraído diretamente das experiências pessoais de Scott do que era necessário que o jovem wiccano soubesse. E, exceto por alguns poucos amigos e pelos alunos que haviam feito esse curso naqueles breves anos, antes do próprio sucesso de Scott como autor, quando se tornou difícil para ele ter tempo para ensinar em uma base individual, o manuscrito não havia sido visto por ninguém. Uma parte dele Scott havia usado como ponto de partida para algumas seções de *Guia Essencial da Bruxa Solitária*. No entanto, nessa época, ele estava refinando seu trabalho para um público mais amplo, além de levar em consideração as diversas demandas de editores e necessidades de publicação. Este documento é puro da fonte, apenas o que ele desejava e precisava dizer aos jovens magos de ambos os sexos que o procuravam em busca de um guia e de instruções.

Que vocês possam fazer uso sábio e bom deste livro, com amor pelo divino, pela terra verde e uns pelos outros. Como Scott costumava dizer no fim de suas cartas: bênçãos reluzentes.

– deTraci Regula,
abril de 2009

Apêndice II
Marilee Bigelow

Quando Llewellyn me pediu para apresentar uma história ou um caso curioso para este livro, tantos pensamentos passaram voando em minha cabeça que fiquei cheia de uma miríade de emoções. Um depois do outro, pontos essenciais em ambas nossas vidas surgiam, mas, por fim, uma lembrança continuou sendo recorrente.

A História do Snap Dragon

Rosto de bruxas ardendo brilhante,
Ao fogo e sua luz bruxuleante.

Quando eu e Scott corríamos a toda velocidade pelo estacionamento no escuro, dei uma espiada por cima do meu ombro, justamente em tempo de ver o Sol subindo pela orla da terra, lançando rajadas de vermelho, dourado e laranja no Sol pré-alvorada.

Mais cedo, nesse dia, eu tinha sido uma convidada de um programa de TV local e Scott tinha optado por ir comigo. Na época, Scott guardava seus interesses metafísicos para si, optando por ficar em segundo plano sempre que possível. Contudo, com frequência, ele me acompanhava em várias aparições pessoais e sempre era um conforto saber que ele estava em algum lugar na plateia, enviando seu apoio.

No entanto, era nossa celebração de Samhaim, e Scott e eu estávamos em uma jornada em busca de algo. Estávamos tentando achar uma loja de bebidas aberta para comprar grandes garrafas de bebida alcoólica muito forte. Eu havia decidido apresentar o jogo de "Snap Dragon" em nosso evento, e isso era algo que requeria suprimentos específicos. Esta tradição do fogo era extremamente popular havia muitos anos e era um costume anual até que, infelizmente, começou a desaparecer, e estava, naquele momento, quase esquecida. Scott e eu estávamos extremamente ansiosos para reviver a antiga prática e trazê-la de volta à vida.

Ao chegar em casa, pegamos um prato grande e o cobrimos cuidadosamente com uvas-passas. Em seguida, lentamente, despejamos a bebida alcoólica por cima, tomando cuidado para saturar com ela cada uma das frutas. Depois, com um grande fósforo, colocamos fogo no prato. De repente, a sala inteira foi tomada pelo brilho quente da luz das chamas; havíamos dado início ao jogo com bebida do Snap Dragon.

De repente, percebemos que este não era um desafio para os fracos de coração. O objetivo do Snap Dragon era, rapidamente, tirar as uvas-passas do fogo do inferno e enfiar na boca sem se queimar! Inseguros, olhamos um para o outro e depois olhamos para a chama quente à nossa frente; todavia, Scott e eu estávamos determinados. Endireitamos os ombros, respiramos fundo e, com os rostos meio de lado, curvamos os dedos acima das chamas ardentes.

Enquanto mexíamos nossos braços loucamente de um lado para o outro, em nossa tentativa de colocar os rebeldes "Dragões" sem danos entre nossos lábios, o espetáculo de cada um girando, pulando e indo para todos os lados em volta da mesa fez com que ambos tivéssemos ataques de risos! Foi apenas depois que o "Snap Dragon" tinha, por fim, acabado, ainda dando muitas risadas, que conseguimos recuperar nossas composturas.

Rapidamente percebemos que para esse rito ser realizado em segurança e com eficácia com tantas pessoas, precisávamos não apenas seguir nossas precauções de segurança, como também estabelecer algumas diretrizes preliminares – uma das quais era a de que os participantes pegariam as uvas-passas, uma de cada vez, e colocariam as frutas dentro de uma pequena xícara e não dentro de suas bocas, o que reduziria a possibilidade de queimaduras e também nos daria uma contagem de "Dragões" para o "Flame-Off" [Apagar das chamas], que estava programado para o final da noite.

Naquela noite, quando as luzes diminuíram e o prato foi aceso, centelhas azuis bruxuleantes dançavam enquanto varriam o prato cheio de uvas-passas e álcool, com suas ondas coloridas de luz lançando sombras nas paredes à nossa volta. Fiquei olhando absortamente para os rostos brilhantemente iluminados com ansiedade antecipada, nossos bravos e corajosos campeões, com os dedos esticados, prontos para começar, e isso me fez lembrar de nossas antigas e primais fogueiras de outrora. Nem preciso dizer que o "Snap Dragon" foi um enorme sucesso (com o mínimo de aloe necessário, a propósito) e as pessoas jogaram-no com entusiasmo por muitos anos depois daquilo.

Muito tempo depois, após cobrir corpos deitados de bruços e colocar travesseiros sob cabeças que já dormiam, Scott e eu saímos juntos, nas pontas dos pés, para ficarmos sentados na varanda dos fundos. Estávamos acordados bem antes da "primeira luz" de nosso feriado sagrado e, em agradecida apreciação, enchi para cada um de nós um copo de xerez (nosso professor nos havia ensinado que esta era a bebida da(o) Bruxa(o)). Ficamos lá, sentados, conversando baixinho, felizes e agradecidos pelo fato de nossos planos terem dado tão certo e, enquanto erguíamos nossos copos em um brinde final, olhei por cima de meu ombro apenas em tempo de ver o Sol erguendo-se acima do nível da terra.

Esta é apenas uma das muitas lembranças maravilhosas que tenho de meu amigo e Alto Sacerdote, Scott Cunningham. Não importava qual fosse o esquema maluco com o qual ele surgisse – Snap Dragon, o Jogo da Farinha ou o Rito da Vela e da Água, Scott sempre foi um cúmplice disposto e entusiasmado enquanto estive com ele. Obrigada por me permitir compartilhar essas lembranças com vocês.

– Marilee Bigelow,
26 de abril de 2009

*Por favor, observar que o autor aconselha a não tentar realizar o jogo do Snap Dragon sem as devidas precauções, supervisão e instruções de segurança.

Apêndice III

Christine Ashworth

Scott sempre foi uma pessoa generosa. Dos três filhos de Chet e Rosie Cunningham, Scott sempre foi o mais atencioso, o menos egoísta, típico de um filho do meio.

Scott também era o criativo. O sensitivo. O único que continuou com as aulas de piano, o único a cantar no coral da igreja com a mãe. Uma das minhas primeiras e mais fortes lembranças de Scott é de quando ele recriou partes dos *Piratas do Caribe* no quintal dos fundos de nossa casa, com um baú de pirata cheio de ouro e uma montanha de joias, inspirado em nossa primeira viagem à Disneylândia. Eu devia ter quatro anos na época e o considerava mágico. Scott também colecionava pedras e conchas do mar. Meu pai fez um armário para ele com uma dezena ou mais de gavetas, para que as colocasse lá. Ele amava o oceano e as florestas com igual fervor.

Meus pais tinham uma cabana em Laguna Mountains e nos verões ficávamos lá cheios de areia e bronzeados pelo sol. Nós três, crianças, caçávamos rãs e pequeninos peixes nos pântanos, sem perceber o quão longe íamos. Scott sempre sabia como voltar e sempre pegava flores para a mamãe.

Nós nos deleitávamos nas tempestades de verão, passando algum tempo em nossas redes na varanda, com as janelas com tela abertas para os Elementos. As noites de verão eram cheias de tantas estrelas que o céu parecia explodir. Altos pinheiros ficavam lá, suas silhuetas destacadas em meio ao céu noturno, perfumando o ar com baunilha. Ir para as montanhas era o escape de nossa família – assumíamos outras identidades lá. Scott passava horas estudando as rochas e as flores, as árvores, em busca de pontas de flechas e outros sinais de nativos norte-americanos, passando horas absorto no lugar. Todos nós nos afundávamos em nossos próprios mundos particulares, aparentemente muito mais próximos lá nas montanhas do que quando estávamos em casa e, ainda assim, continuávamos sendo uma unidade familiar – jogando cartas e jogos de tabuleiro, montando quebra-cabeças em uma das muitas mesas da cozinha, na estrutura rústica e octogonal da cabana, fazendo fogueira e bebendo chocolate quente.

Scott devia ter 14 ou 15 anos quando começou a colocar meias natalinas para meus pais. Fiquei surpresa – são os pais que fazem isso para os filhos! –, mas ele fazia isso com capricho e charme. Um de seus dons era ver o interior das pessoas, adivinhando aquilo de que gostariam. Ele era excelente ao dar presentes. Desde que percebeu que o antúrio era a flor predileta da minha mãe, passou a incluí-la nos presentes do Dia das Mães e no aniversário. No Natal também. Observando o passado, percebo que a consideração e a atitude protetora dele em relação à minha mãe era algo muito doce.

No ano em que fiz 16 anos, no dia de meu aniversário, Scott comprou para nós dois ingressos para assistir ao *Chorus Line* em Los Angeles. Ele nos levou de carro até lá e assim curtimos circular em Hollywood (que tinha mais sementes nos idos de 1970 do que tem hoje). Ele inclusive me levou ao Capezio's, para que eu pudesse ter um par de sapatilhas. E o show? Excelente. Fascinante. Totalmente de tirar o fôlego; e que alegria compartilhar isso com ele. A viagem de volta para casa foi o caminho todo cheia com nossa conversa sobre a dança e as canções.

Scott e eu saímos da casa da família no mês em que me formei no segundo grau, em janeiro de 1978. Dividimos um apartamento na Orange Avenue durante 8 ou 9 meses. Apaixonada, eu raramente ficava lá, e, quando estava, Scott não estava. Nossos caminhos divergiram, como acontece com pessoas que dividem um apartamento e têm horários diferentes.

Quando me casei e mudei para Los Angeles, Scott continuou sendo uma parte da minha vida. Telefonemas, cartas à moda antiga e visitas. Para ele, sucesso. As vendas de livros vieram e, depois, as turnês dos livros. Nos intervalos, ele ia para o Havaí descansar e pesquisar. Quando eu tinha um bom emprego, enviava para ele um cheque pelo correio, certa de que o dinheiro que ele ganhava escrevendo não estava dando para pagar as contas, e ele sempre telefonava para agradecer. As visitas à nossa casa eram divertidas – Scott e meu marido Tom trocavam gracejos e piadas que meus pais não entendiam. Eu conseguia pegar o duplo sentido uma entre uma dezena de vezes e, por fim, desistia e simplesmente observava os dois se deliciando.

Então veio março de 1990 e a notícia da doença de Scott foi transmitida durante a turnê dele pela Costa Leste. Ficamos sabendo no mesmo tempo que eu comemorava os três meses de gravidez do meu primeiro filho. Minha gravidez tornou-se uma alegria na qual se concentrar naqueles primeiros meses de incerteza.

Porém, o que havia começado como algo aterrorizante acabou por se transformar em fato corriqueiro. Scott ficou mais forte de novo e viajou. Conversávamos e ríamos e ficávamos mais próximos um do outro do que já havíamos estado antes. O bebê nasceu e Scott mantinha uma distância respeitosa, não tão certo quanto ao que fazer com aquela coisa pequenina.

No entanto, a doença tirou-o de nós. Ele ficou cada vez mais fraco e com raiva por não ter tido tempo de terminar tudo o que gostaria de ter feito. Antes de finalmente mudar-se para casa, para que meus pais pudessem tomar conta dele, convidou amigos e distribuiu muitos de seus livros e de suas coisas para quem ele sabia que queria ou precisava, compartilhando aquele último pedacinho dele mesmo como podia. Mudou-se para meu quarto de infância, com sua grande cama de ferro ocupando a maior parte do espaço, por volta do Dia de Ação de Graças em 1992. E, quando ele morreu, em março de 1993, havia entrado em coma logo pela manhã. Minha mãe segurou a mão dele, estava lá, ao lado dele, quando, por fim, ele faleceu naquela tarde.

Uma vez mais eu estava no terceiro mês de gravidez, dessa vez, do meu segundo filho. Perdi o encontro pagão realizado em homenagem a ele em San Diego – meus pais não me falaram nada a respeito. Não houve nenhuma outra cerimônia memorial, não uma que a família tivesse planejado. Sendo assim, só restava à família espalhar as cinzas dele nas colinas atrás da cabana em Laguna Mountains. Catorze anos depois, aquele parecia o local apropriado para espalhar as cinzas da minha mãe também.

Meu pesar e arrependimento particulares com a falta de um serviço de memorial mais público, até hoje, ainda bate forte em mim. Não parecia certo ou justo, mas eu não estava no comando. Passei várias tardes, no decorrer dos meses seguintes, sentada na areia, olhando fixamente para o oceano. Chorando às vezes, com raiva em outras, mas sempre dialogando com Scott. Eu ouvia a risada dele ao vento e nas ondas, e o Scott com o qual eu estava me comunicando, o Scott de quem eu estava sentindo falta, era o irmão da minha infância, daquelas tardes sonolentas de verão na campina, na colina, em volta da montanha da cabana.

    Por fim, porém, comecei a leitura. Devo confessar que nunca havia lido seus livros até depois de ele morrer. Ele nunca realmente esperou que eu me interessasse, creio. E, ao ler aqueles livros, vi e pude conhecer o homem que ele se tornou, uma versão mais profunda daquele que ele era quando estávamos nas montanhas, quando éramos crianças. O mesmo – apenas... mais. Meu irmão criativo e sensitivo tinha ficado divertido. Mais esperto. Mais forte. Com mais compaixão, mais tangível, mais aberto, até mesmo enquanto protegia sua privacidade. Seu coração e sua alma estão nestes livros, uma clara expressão de sua necessidade motivadora de compartilhar aquilo que ele tinha tido tanto esforço em aprender. Não deveria ser assim tão difícil, ele me disse uma vez encontrar uma maneira diferente de fazer uma adoração – e tal maneira natural; bem, para aqueles que quiserem, aprender não deveria ser uma tarefa tão difícil.

    Scott sempre foi uma pessoa muito generosa. Compartilhar o conhecimento dele com o restante de nós é seu último presente.

Bênçãos,
Christine Ashworth
Simi Valley, Califórnia,
abril de 2009

Apêndice IV

David Harrington

Scott tinha tanta responsabilidade por seu trabalho que, sempre que podia, para aliviar a pressão e a tensão, ele realizava um projeto apenas por diversão. Ele nunca perdeu sua alegria da infância de gostar de jogos e brinquedos, e sempre usava seus consideráveis poderes criativos na invenção de novas formas de entretenimento. O amor que tinha pela fantasia era intenso; ele a vivia e isso vinha à tona de diversas formas; uma delas era o Jogo da Bruxa. Embora isso possa vir a ser considerado politicamente incorreto nestes dias de "Wicca", não havia tal sensação na época – pelo contrário, era uma forma de usar de um modo não pejorativo o termo "Bruxa".

Um dia, ele trouxe isso à tona, apresentando-o com grande cerimônia. Perguntei de que se tratava, e ele disse: "É meu jogo da Bruxa Voadora".

Perguntei: "Onde você arrumou isso?". "Eu fiz", foi a resposta. Colocamos o jogo no chão, abrimos a caixa e fiquei surpreso com a ornamentação meticulosa do jogo. Ele tinha passado um bom tempo colocando as imagens na caixa, de forma que se parecesse com outros jogos de tabuleiro populares na época. Tinha criado o tabuleiro completo, a caixa do jogo e todas as peças. Fez as bruxas usando tampas de marcadores de ponta larga, colando-as em cima. Fiquei maravilhado. "Que legal!" Ele dispôs o jogo para que trabalhássemos em cima dele, já que estava em andamento e, dessa forma, jogávamos com frequência para estabelecer as regras, a ordem das jogadas e ver como tudo fluía. Ele queria colocar o jogo no mercado e tinha muito orgulho dele. Por eu ter esse lado criança também, gostava, porque era algo diferente. Eu sabia que o que quer que Scott criasse, seria algo divertido. E era. E, com isso, ele também me treinava. Conversava comigo sobre todas as coisas que tinha no tabuleiro e como se relacionavam com a Bruxaria, porque eu ainda era um aprendiz. E essa era uma ótima forma de me ensinar, mas também uma boa forma de entretenimento, enquanto movíamos nossos marcadores em torno de viradas em labirintos no caminho do jogo. Ele nunca me "ensinou" propriamente dito – ele começava a conversar e eu escutava; era assim que aprendia. O jogo era sobre uma bruxa voadora e, portanto, "viajante", e, de certa forma, jogá-lo ajudava-nos a pensar em lugares aonde gostaríamos de ir em nossas jornadas mágicas.

Explorávamos magia natural, decidindo ir até os lugares selvagens e estudar a partir da natureza, como os antigos faziam, em vez de aprender com livros em salas de aula. Nos dávamos bem porque fui o primeiro a, de boa vontade, ir com ele para os lugares selvagens, fazendo caminhadas em Borrego Springs para escavar fósseis ou indo até Hagstone Cove para encontrar lágrimas de sereia, ou indo de carro até a antiga missão de Santa Ysabel para vivenciar os rituais do Dia dos Mortos feitos pelos mexicanos locais.

O "Jogo da Bruxa" era muito à la "Harry Potter". Quando vi os filmes do Harry Potter, eles me fizeram lembrar do Jogo da Bruxa, especialmente o Mapa do Saqueador e alguns dos outros objetos mágicos. Creio que haja uma semelhança entre Scott e Harry Potter – sua inocência, acima de tudo; embora pudesse ser afiado e cortante, ele sempre desejava o bem. Eles têm o mesmo tipo de bondade essencial. Do meu ponto de vista, ele era um líder dos grupos dos quais fazia parte e ninguém poderia superá-lo, até onde eu podia observar. Ele assumiu o "cargo", como Harry Potter, não com tanta boa vontade, ou com muito ego, mas simplesmente porque havia coisas que precisavam ser feitas e ele sabia como fazê-las, ou podia imaginar como e o que deveria fazer. Ele era simplesmente tão brilhante – e creio que sua precocidade e calidez resplandecem neste Livro das Sombras.

– David Harrington,
julho de 2009

Bibliografia

Esta é uma lista abrangente de livros relacionados, de alguma forma, à Wicca. A inclusão de uma obra aqui não necessariamente indica que concordo plenamente com seu conteúdo. Muitos desses livros foram escritos de perspectivas bem diferentes desta que você veio lendo até agora.

Todos, contudo, se forem lidos com inteligência e discernimento, aprofundarão seu entendimento da Deusa e do Deus e de uma diversidade de formas de Wicca, magia e xamanismo.

Os livros marcados com asterisco (*) são altamente recomendados.

Onde senti que seria importante, acrescentei comentários referentes ao conteúdo do livro, não meus pontos de vista sobre eles.

Não se espera que uma lista como essa seja completa. Livros a respeito desses assuntos são publicados todos os dias. Ainda assim, deve servir como ponto de partida para aqueles interessados em ler mais sobre esses assuntos.

Observação do editor: Esta bibliografia apareceu no livro de Scott Cunningham, *Wicca: A Guide for the Solitary Practitioner* [*Guia Essencial da Bruxa Solitária*] (Llewellyn, 1988). É reimpressa aqui para conveniência do leitor.

Xamanismo

ANDREWS, Lynn V. *Medicine Woman*. San Francisco: Harper & Row, 1981.
BEND, Cynthia; WIGER, Tayja. *Birth of a Modern Shaman*. St. Paul: Llewellyn Publications, 1988.
CASTANEDA, Carlos. *The Teachings of Don Juan: A Yaqui Way of Knowledge*. New York: Ballantine, 1970.

FURST, Peter T. *Hallucinogens and Culture*. Corte Madera, CA: Chandler & Sharp Publishers, 1976.

*HARNER, Michael J. (ed.). *Hallucinogens and Shamanism*. New York: Oxford University Press, 1978.

*_____. *The Way of the Shaman*. San Francisco: Harper & Row, 1981. O primeiro livro-guia sobre esse assunto, *O Caminho do Xamã* introduz técnicas simples para chegar a estados alterados de consciência, contatando demais seu animal de poder, rituais de cura e muito mais coisas interessantes.

*HOWELLS, William. *The Heathens: Primitive Man and His Religions*. Garden City, NY: Doubleday, 1956. Abrange toda a gama de religiões e magia pré-cristãs e pré-tecnológicas, inclusive o totemismo, adoração de ancestrais, xamanismo, adivinhação, mana e tabu.

KILPATRICK, Jack Frederick; GRITTS, Anna. *Notebook of a Cherokee Shaman*. Washington DC: Smithsonian, 1970.

LAME DEER, John (Fire); ERDOES, Richard. *Lame Deer: Seeker of Visions*. New York: Pocket Books, 1978. Um retrato de um xamã contemporâneo, revelando a humanidade essencial do assunto. Muito saber dos Sioux.

LEWIS, I. M. *Ecstatic Religion: An Anthropological Study of Spirit Possession and Shamanism*. Baltimore: Penquin, 1976. Trata-se de uma investigação sociológica do xamanismo e dos estados alterados de consciência.

ROGERS, Spencer L. *The Shaman's Healing Way*. Ramona, CA: Acoma Books, 1976.

*SHARON, Douglas. *Wizard of the Four Winds: A Shaman's Story*. New York: The Free Press, 1978. Um retrato de Eduardo Calderon, um moderno xamã peruano, detalhando muitos de seus ritos e rituais.

*TORREY, E. Fuller. *The Mind Game: Witchdoctors and Psychiatrists*. New York: Bantam, 1973.

*WELLMAN, Alice. *Spirit Magic*. New York: Berkeley, 1973. Esse livreto é um guia para o xamanismo como é praticado em diversas partes do mundo. O capítulo "The Tools of Wizardry" é particularmente interessante.

Estudos da Deusa

BRIFFAULT, Robert. *The Mothers*. (Resumo de Gordon Taylor.) New York: Atheneum, 1977.
DOWNING, Christine. *The Goddess: Mythological Images of the Feminine*. New York: Crossroad, 1984.
*GRAVES, Robert. *The White Goddess*. New York: Farrar, Straus and Giroux, 1973. Talvez o livro que tenha o maior efeito sobre a Wicca moderna. Uma investigação poética da Deusa.
*HARDING, Esther. *Women's Mysteries: Ancient and Modern*. New York: Pantheon, 1955.
JAMES, E. O. *The Cult of the Mother-Goddess*. New York: Barnes and Noble, 1959.
LELAND, Charles G. *Aradia, or the Gospel of the Witches*. New York: Buckland Museum, 1968. Essa obra apresenta uma visão muito diferente da Deusa e de outras divindade. O material foi reunido pelo sr. Leland no final dos anos 1800 e influenciou a Wicca atual.
*NEWMANN, Erich. *The Great Mother: an Analysis of the Archetype*. Princeton: Princeton University Press, 1974. Uma abordagem junguiana da Deusa. Esse livro é completado com 185 páginas de imagens da Deusa.
STONE, Merlin. *When God Was a Woman*. New York: Dial Press, 1976.
WALKER, Barbara. *The Women's Encyclopedia of Myths and Mysteries*. San Francisco: Harper & Row, 1983.

Folclore, Mitologia, Lenda e História

*BORD, Janet; BORD, Colin. *Earth Rites: Fertility Practices in Pre-Industrial Britain*. London: Granada, 1982. Um relato de rituais pagãos da Bretanha.
BUSENBARK, Ernest. *Symbols, Sex and the Stars in Popular Beliefs*. New York: Truth Seeker, 1949.
*CAMPBELL, Joseph. *The Masks of God: Creative Mythology*. New York: Viking Press, 1971.
_____. *The Masks of God: Oriental Mythology*. New York: Viking Press, 1977.
_____. *The Masks of God: Primitive Mythology*. New York: Viking Press, 1977.
Esses livros abrangem todos os movimentos da mitologia no mundo todo.
_____. *Myths to Live By*. New York: Bantam Books, 1973.

*CARPENTER, Edward. *Pagan and Christian Creeds: Their Origin and Meaning*. New York: Harcourt, Brace and Company, 1920. Uma obra precoce, feita por um erudito renegado, mostra as origens de muitos símbolos religiosos cristãos extraídos de antigas religiões pagãs. Em suas páginas, encontramos magia de alimentos e vegetais mágicos, iniciações pagãs, dança ritual, o tabu do sexo e muitos outros assuntos de interesse.

*DEXTER, T. F. G. *Fire Worship in Britain*. London: Watts and Co., 1931. Um livreto de 43 páginas, impresso antes da Segunda Guerra Mundial, detalhando a sobrevivência de antigos festivais pagãos na Bretanha antes que este conflito (a guerra) extinguissse muitos para sempre.

*EHRENREICH, Barbara; ENGLISH, Deirdre. *Witches, Midwives and Nurses: A History of Women Healers*. Old Westbury, NY: 1973. Uma importante investigação do papel das mulheres como curandeiras e bruxas em tempos remotos.

EVANS-WENTZ, W. Y. *The Fairy-Faith in Celtic Countries*. London: Oxford University Press, 1911. Gerrards Cross (Buckinghamshire, England): 1981.

FRAZER, Sir James. *The Golden Bough*. New York: Macmillan, 1956. (Edição condensada em um único volume.)

HARLEY, Timothy. *Moon Lore*. Tokyo: Charles E. Tuttle Co., 1970.

KENYON, Theda. *Witches Still Live*. New York: Washburn, 1929. Uma antiga coletânea de mitos, lendas e contos de bruxas e magos populares.

*LEACH, Maria; FRIED, Jerone (eds.). *Funk and Wagnall's Standard Dictionary of Folklore, Mythology and Legend*. New York: Funk and Wagnall's, 1972. Essa coleção clássica, em um volume, sumariza a totalidade das informações míticas. De grande interesse para os wiccanos.

WATTS, Alan. *The Two Hands of God*: *The Myths of Polarity*. New York: Coffier, 1978.

Wicca

BOWNESS, Charles. *The Witch's Gospel*. London: Robert Hale, 1979.

BUCKLAND, Raymond. *Witchcraft... The Religion*. Bay Shore, NY: The Buckland Museum of Witchcraft and Magick, 1966. Uma das primeiras explicações da Wicca Gardneriana.

BUCZYNSKI, Edmund M. *The Witchcraft Fact Book*. New York: Magickal Childe, [19--].
CROWTHER, Patricia. *Witch Blood! The Diary of a Witch High Priestess*. New York: House of Collectibles, 1974.
DEUTCH, Richard. *The Ecstatic Mother: Portrait of Maxine Sanders – Witch Queen*. London: Bachman and Turner, 1977. Uma das figuras-chave da tradição wiccana alexandrina é explorada nessa obra.
*GARDNER, Gerald. *The Meaning of Witchcraft*. London: Aquarian Press, 1971. Uma abordagem histórica da Wicca.
_____. *Witchcraft Today*. New York: Citadel, 1955. O primeiro livro escrito sobre a Wicca contemporânea detalha o que acabou sendo chamado de Wicca Gardneriana.
*GLASS, Justine. *Witchcraft: the Sixth Sense and Us*. North Hollywood: Wilshire, 1965.
JOHNS, June. *King of the Witches: The World of Alex Sanders*. New York: Coward Mc-Cann, 1969. Uma outra investigação da Wicca Alexandrina e uma biografia de seu fundador.
LADY SARA. *Questions and Answers on Wicca Craft*. Wolf Creek (Oregon): Stonehenge Farm, 1974.
*LEEK, Sybil. *The Complete Art of Witchcraft*. New York: World Publishing, 1971. Essa obra influente descreve uma eclética tradição wiccana.
_____. *Diary of a Witch*. New York: Prentice-Hall, 1968.
"LUGH." *Old George Pickingill and the Roots of Modern Witchcraft*. London: Wiccan Publications, 1982. Taray, 1984. Essa obra propõe-se a descrever o pano de fundo histórico do *revival* moderno da Wicca por Gerald Gardner.
MARTELLO, Leo L. *Witchcraft: the Old Religion*. Secaucus: University Books, 1974. Uma investigação da Wicca siciliana.
ROBERTS, Susan. *Witches USA*. New York: Dell, 1971. Esse livro, uma investigação da Wicca feita por alguém de fora, criou uma tormenta de controvérsia quando foi reimpresso. Destaca-se como uma visão geral da cena wiccana por volta de 1970, não tendo mais imprecisões do que qualquer outro livro incluso nessa lista.
SANDERS, Alex. *The Alex Sanders Lectures*. New York: Magickal Childe, 1980. Uma outra abordagem da Wicca Alexandrina.
SANDERS, Maxine. *Maxine the Witch Queen*. London: Star Books, 1976. Uma outra visão, dessa vez autobiográfica, da fundação e das atividades da Wicca Alexandrina.

*VALIENTE, Doreen. *An ABC of Witchcraft Past and Present*. New York: St. Martin's, 1973. Uma resposta da Wicca Gardneriana aos primeiros livros de Bruxaria, tendo uma visão enciclopédica da Wicca, do folclore e das lendas britânicas.

*_____. *Where Witchcraft Lives*. London: Aquarian Press, 1962. Uma visão antiga do folclore de Sussex e da Wicca britânica.

Instruções Práticas

*ALAN, Jim; FOX, Selena. *Circle Magic Songs*. Madison, WI: Circle Publications, 1977.

BUCKLAND, Raymond. *The Tree: The Complete Book of Saxon Witchcraft*. New York: Weiser, 1974.

*_____. *Buckland's Complete Book of Witchcraft*. St. Paul: Llewellyn Publications, 1985; 2002. Um curso sobre a Wicca, extraído de diversas tradições. Inclui uma seção sobre os praticantes solitários.

BUDAPEST, Z. *The Feminist Book of Light and Shadows*. Venice, CA: Luna Publications, 1976. Um primeiro livro influente de Wicca feminista.

_____. *The Holy Book of Women's Mysteries Part I*. Oakland, CA: The Susan B. Anthony coven #1, 1979. Uma versão expandida do livro acima. Um segundo volume também foi publicado.

CROWTHER, Patricia. *Lid Off the Cauldron: A Wicca Handbook*. London: Robert Hale, 1981. Um outro guia prático.

*FARRAR, Janet; FARRAR, Stewart. *Eight Sabbats for Witches*. London: Robert Hale, 1981. Esses ex-wiccanos alexandrinos exploraram novos territórios, incorporando muito saber irlandês e formas de deidades irlandesas. Esse livro também apresenta uma visão única do famoso Livro das Sombras gardneriano.

*_____. *The Witches' Way: Principles, Rituals and Beliefs of Modern Witchcraft*. London: Robert Hale, 1984. Mais revelações referentes ao Livro das Sombras gardneriano e muitas informações práticas.

*FITCH, Ed. *Magical Rites From the Crystal Well*. St. Paul: Llewellyn Publications, 1984. Uma coletânea de rituais neopagãos para todas as ocasiões.

K., Amber. *How to Organize a Coven or Magical Study Group*. Madison, WI: Circle Publications, 1983. Diretrizes para organização de um coven ou grupo de estudos mágicos.

*SLATER, Herman (ed.). *A Book of Pagan Rituals*. New York: Weiser, 1974. Outra coletânea de rituais, dessa vez extraídos do Caminho Pagão.

*STARHAWK. *The Spiral Dance: A Rebirth of the Ancient Religion of the Great Goddess*. San Francisco: Harper and Row, 1979. Parece estranho que se tenham passado quase 10 anos desde que esse livro foi publicado pela primeira vez. Ele teve um grande impacto sobre os grupos wiccanos e sobre os indivíduos também. Definitivamente voltado para a Deusa e para mulheres, inclui exercícios para o desenvolvimento de fluência mágica, além de muitos rituais.

VALIENTE, Doreen. *Witchcraft for Tomorrow*. London: Robert Hale, 1978. Obra de Valiente, o primeiro livro sobre a prática da Wicca moderna, contém um Livro das Sombras completo, que ela escreveu apenas para publicação, assim como diversos capítulos abrangendo vários aspectos da Wicca.

*WEINSTEIN, Marion. *Earth Magic: A Dianic Book of Shadows*. New York: Earth Magic Productions, 1980. Esse é um livro wiccano como nenhum outro. Contém informações completas e explícitas sobre a formação de alinhamentos com "todos os cinco aspectos" das deidades, trabalho com familiares, os instrumentos e muito mais coisas interessantes. Uma versão ampliada já foi publicada.

Livros de Feitiços

BUCKLAND, Raymond. *Practical Candleburning Rituals*. St. Paul: Llewellyn Publications, 1971.

*CHAPPEL, Helen. *The Waxing Moon: A Gentle Guide to Magic*. New York: Links, 1974.

DIXON, Jo; DIXON, James. *The Color Book: Rituals, Charms and Enchantments*. Denver: Castle Rising, 1978.

GRAMMARY, Ann. *The Witch's Workbook*. New York: Pocket, 1973.

HUSON, Paul. *Mastering Witchcraft*. New York: Berkeley, 1971. Um antigo livro responsável, em parte, pelo grande interesse nos assuntos ocultos no início dos anos 1970. Muitas das informações nele contidas lembram a Wicca ou o tipo de magia praticada pelos wiccanos.

LORDE, Simon; LORDE, Clair. *The Wiccan Guide to Witches Ways*. New South Wales (Australia): K. J. Forrest, 1980.

MALBROUGH, Ray T. *Charms, Spells and Formulas for the Making and Use of Gris-Gris, Herb Candles, Doll Magick, Incenses, Oils and Powders to Gain Love, Protection, Prosperity, Luck and Prophetic Dreams*. St. Paul: Llewellyn, 1986. Uma coletânea de Magia Cajun da Louisiana.

PAULSEN, Kathryn. *Witches Potions and Spells*. Mount Vernon: Peter Pauper Press, 1971.

*WORTH, Valerie. *The Crone's Book of Words*. St. Paul: Llewellyn Publications, 1971; 1986.

Livros de Magia

AGRIPPA, Henry Cornelius. *The Philosophy of Natural Magic*. Antwerp, 1531. Secaucus: University Books, 1974. Esse é o primeiro dos três livros mencionados na entrada a seguir.

*_____. *Three Books of Occult Philosophy*. London: 1651. London: Chthonios Books, 1986. Esta obra contém a maior parte das informações mágicas conhecidas no século XVI. Pedras, estrelas, ervas, incensos, sigilos e toda espécie de oferendas são encontrados nesse livro. Reimpresso recentemente em sua totalidade pela primeira vez em trezentos anos. [Publicado em língua portuguesa sob o título *Três Livros de Filosofia Oculta* pela Madras Editora.]

*BANEFT, Francis. *The Magus, or Celestial Intelligencer, Being a Complete System of Occult Philosophy*. 1801. New Hyde Park, NY: University Books, 1967. Magia cerimonial (em oposição à natural).

*BURLAND, C. A. *The Magical Arts: A Short History*. New York: Horizon Press, 1966. Uma história da magia popular.

DEVINE, M. V. *Brujeria: A Study of Mexican-American Folk-Magic*. St. Paul: Llewellyn Publications, 1982.

FORTUNE, Dion. *Psychic Self-Defence*. London: Aquarian, 1967.

*HOWARD, Michael. *The Magic of Runes*. New York: Weiser, 1980.

_____. *The Runes and Other Magical Alphabets*. New York: Weiser, 1978.

KOCH, Rudolph. *The Book of Signs*. New York: Dover, 1955. Um livro de signos, símbolos e runas.

LELAND, Charles Godfrey. *Etruscan Magic and Occult Remedies*. New Hyde Park, NY: University Books, 1963.

_____. *Gypsy Sorcery and Fortune-Telling*. New York: Dover, 1971.

MATHERS, S. L. MacGregor (ed. e trad.). *The Key of Solomon the King*. New York: Weiser, 1972.

*MICKAHARIC, Draja. *Spiritual Cleansing: A Handbook of Psychic Protection*. York Beach (Maine): Weiser, 1982. Parte da magia nessa obra tem um tom e uma origem xamanísticos.

*PEPPER, Elizabeth; WILCOX, John. *Witches All*. New York: Grosset and Dunlap, 1977. Uma coletânea de magia popular extraída do conhecido (agora extinto) *Witches Almanac* [Almanaque das Bruxas].

PLINY the Elder. *Natural History*. Cambridge: Harvard University Press, 1956.

SHAH, Sayed Idries. *Oriental Magic*. New York: Philosophical Library, 1957.

_____. *The Secret Lore of Magic*. New York: Citadel, 1970. Excertos de diversos livros da Renascença sobre magia cerimonial.

_____. *Occultism*: *Its Theory and Practice*. Castle Books, [19--].

VALIENTE, Doreen. *Natural Magic*. New York: St. Martin's Press, 1975.

*WEINSTEIN, Marion. *Positive Magic: Occult Self-Help*. New York: Pocket Books, 1978. Uma introdução à magia. Uma edição ampliada desse livro popular também já foi publicada.

MADRAS Editora

Para mais informações sobre a Madras Editora, sua história no mercado editorial e seu catálogo de títulos publicados:

Entre e cadastre-se no site:

www.madras.com.br

Para mensagens, parcerias, sugestões e dúvidas, mande-nos um e-mail:

marketing@madras.com.br

SAIBA MAIS

Saiba mais sobre nossos lançamentos, autores e eventos seguindo-nos no facebook e twitter:

@madrased

/madraseditora